FORUM PSYCHOLOGIE 7

Isabel Corvacho del Toro

Der Prozess des künstlerischen Schaffens in der Malerei

Interviews mit Künstlerinnen und Künstlern

m press »
Martin Meidenbauer Verlagsbuchhandlung

Die Deutsche Bibliothek verzeichnet diese Publikation in der Deutschen Nationalbibliografie; detaillierte bibliografische Daten sind im Internet über http://dnb.ddb.de abrufbar.

© 2007 Martin Meidenbauer
Verlagsbuchhandlung, München

Foto U4: Raúl Hidalgo
www.raulhidalgo.net

Alle Rechte vorbehalten. Dieses Werk einschließlich aller seiner Teile ist urheberrechtlich geschützt. Jede Verwertung außerhalb der Grenzen des Urhebergesetzes ohne schriftliche Zustimmung des Verlages ist unzulässig und strafbar. Das gilt insbesondere für Nachdruck, auch auszugsweise, Reproduktion, Vervielfältigung, Übersetzung, Mikroverfilmung sowie Digitalisierung oder Einspeicherung und Verarbeitung auf Tonträgern und in elektronischen Systemen aller Art.

Printed in Germany

Gedruckt auf
chlorfrei gebleichtem, säurefreiem und alterungsbeständigem Papier (ISO 9706)

m-press ist ein Imprint der
Martin Meidenbauer Verlagsbuchhandlung

ISBN 978-3-89975-601-2

Verlagsverzeichnis schickt gern:
Martin Meidenbauer Verlagsbuchhandlung
Erhardtstr. 8
D-80469 München

www.m-verlag.net

Danksagung

An dieser Stelle möchte ich meinen tiefen Dank an all die Menschen aussprechen, die mich während der Planung und Durchführung dieser Arbeit begleitet und unterstützt haben, allen voran Herrn Prof. Dr. Gerhard Vagt, der mir den größtmöglichen Freiraum für die Bearbeitung des Themengebiets der künstlerischen Schaffensprozesse in der Malerei gegeben hat, und mir mit seinem fachlichen Rat stets zur Seite stand. Danken möchte ich auch Herrn Prof. Dr. Paul Probst für seine Offenheit gegenüber dem Thema dieser Untersuchung.

Mein besonderer Dank gilt all den interviewten Künstlerinnen und Künstlern für die Begeisterung, die sie für die Fragestellung dieser Studie gezeigt haben und für das tiefe Vertrauen, das sie bei der Durchführung der Interviews mir entgegen gebracht haben. Indem sie mir Einblicke in ihre persönlichen Gedanken und Gefühle erlaubten und über ihre Arbeitsweise detailliert berichteten, haben sie dieses Projekt entschieden mitgestaltet.

Mein tiefer Dank gebührt Detlev Dehn, nicht nur für sein freundschaftliches Handeln und seine klugen Änderungsvorschläge, sondern auch für seine uneingeschränkte Gesprächs- und Diskussionsbereitschaft. Seine kritischen Anmerkungen und wertvollen Anregungen haben diese Schrift enorm bereichert.

Ein großes Dankeschön gilt auch den Lektoren. Insbesondere möchte ich mich bei Petra Grünhagen für ihre Anmerkungen zur neuen Rechtschreibung bedanken. Darüber hinaus gilt mein Dank Sven Graense für das sorgfältige Durchsehen der ersten Entwürfe zu diesem Buch.

Hervorzuheben ist auch der Dank, der sich an all meine Freunde richtet. Besonders danke ich Angelina Ribeiro von Wersch, die mir eine treue Gefährtin war.

Danken möchte ich vom ganzen Herzen meiner Schwester Irene Corvacho del Toro für ihre konkreten und hilfreichen Vorschläge sowie für ihre kontinuierliche Unterstützung.

Schließlich danke ich Oswald Fogelklou, meinem Ehegatten, für seinen starken und unermüdlichen Beistand sowie für seine ermutigenden Gesten und Gedanken.
Mit seiner liebevollen und großzügigen Unterstützung wurde die Realisierung dieser Arbeit für mich möglich.

Inhaltsverzeichnis

Vorwort 13

Grundgedanken der vorliegenden Arbeit 15

1 Kreativität und der kreative Schaffensprozess 17

1.1 Eine Begriffsbestimmung 17

1.2 Einschlägige Ansätze zur Erklärung von Schaffensprozessen 18

1.3 Das Vier-Phasen-Modell von Wallas 19

  1.3.1 Die Vorbereitungsphase 20
  1.3.2 Die Inkubationsphase 21
  1.3.3 Die Inspirationsphase 22
  1.3.4 Die Verifikationsphase 22

1.4 Einflussfaktoren der kreativen Arbeit 22

  1.4.1 Motivationale Aspekte 23
  1.4.2 Eine kreativitätsfördernde Umwelt 24
  1.4.3 Einflussfaktoren der Persönlichkeit 25

1.5 Über die Wahrnehmung und Mitteilung von Gefühlen 26

  1.5.1 Die Enthüllung eigener Gefühle 26
  1.5.2 Das Mitteilen von als negativ empfundenen Gefühlen 26
  1.5.3 Diskrepanzen zwischen Kognitionen 27

2 Die empirische Untersuchung 29

2.1 Die qualitative Forschung in der deutschsprachigen Psychologie 29

  2.1.1 Zu den Grundbedingungen qualitativer Forschung 30

2.1.2	Zu den Gütekriterien qualitativer Forschung	30

2.2 Zur Auswahl der Untersuchungsmethode — 32
2.3 Das Problemzentrierte Interview — 32
2.4 Die Gestaltung der Interviews in Anlehnung an das PZI — 33

2.4.1	Erstellung des Interviewleitfadens	34
2.4.2	Zur Auswahl der Interviewpartner	35
2.4.3	Die Kontaktaufnahme	37
2.4.4	Zu den Rahmenbedingungen	37

2.5 Zur Dokumentation und Auswertung der Interviews — 38

3 Die Datenauswertung — 41

3.1 Protokoll des Interviews mit Anja — 41

3.1.1	Arbeitsphasen	42
3.1.2	Zu den Einflussfaktoren künstlerischen Arbeitens	45
3.1.3	Zur Rolle des sozialen Austauschs für den Schaffensprozess	53
3.1.4	Zur Rolle der eigenen Befindlichkeit für die kreative Arbeit	54
3.1.5	Zu den Ansichten über den Ausdrucksgehalt künstlerischer Mittel	56
3.1.6	Zu den persönlichen Zielen künstlerischen Arbeitens	58

3.2 Protokoll des Interviews mit Annelen — 59

3.2.1	Arbeitsphasen	59
3.2.2	Zu den Einflussfaktoren künstlerischen Arbeitens	63
3.2.3	Zur Rolle des sozialen Austauschs für den Schaffensprozess	64
3.2.4	Zur Rolle der eigenen Befindlichkeit für die kreative Arbeit	64
3.2.5	Zu den Ansichten über den Ausdrucksgehalt künstlerischer Mittel	66
3.2.6	Zu den persönlichen Zielen künstlerischen Arbeitens	67

3.3 Protokoll des Interviews mit Anton — 69

    3.3.1   Arbeitsphasen — 69
    3.3.2   Zu den Einflussfaktoren künstlerischen Arbeitens — 70
    3.3.3   Zur Rolle des sozialen Austauschs für den Schaffensprozess — 71
    3.3.4   Zur Rolle der eigenen Befindlichkeit für die kreative Arbeit — 72
    3.3.5   Zu den Ansichten über den Ausdrucksgehalt künstlerischer Mittel — 74
    3.3.6   Zu den persönlichen Zielen künstlerischen Arbeitens — 75

3.4 Protokoll des Interviews mit Florian — 77

    3.4.1   Arbeitsphasen — 77
    3.4.2   Zu den Einflussfaktoren künstlerischen Arbeitens — 79
    3.4.3   Zur Rolle des sozialen Austauschs für den Schaffensprozess — 80
    3.4.4   Zur Rolle der eigenen Befindlichkeit für die kreative Arbeit — 80
    3.4.5   Zu den Ansichten über den Ausdrucksgehalt künstlerischer Mittel — 80
    3.4.6   Zu den persönlichen Zielen künstlerischen Arbeitens — 82

3.5 Protokoll des Interviews mit Kristin — 83

    3.5.1   Arbeitsphasen — 83
    3.5.2   Zu den Einflussfaktoren künstlerischen Arbeitens — 84
    3.5.3   Zur Rolle des sozialen Austauschs für den Schaffensprozess — 88
    3.5.4   Zur Rolle der eigenen Befindlichkeit für die kreative Arbeit — 88
    3.5.5   Zu den Ansichten über den Ausdrucksgehalt künstlerischer Mittel — 89
    3.5.6   Zu den persönlichen Zielen künstlerischen Arbeitens — 91

3.6 Protokoll des Interviews mit Marcus — 95

    3.6.1   Arbeitsphasen — 95
    3.6.2   Zu den Einflussfaktoren künstlerischen Arbeitens — 99

3.6.3	Zur Rolle des sozialen Austauschs für den Schaffensprozess	103
3.6.4	Zur Rolle der eigenen Befindlichkeit für die kreative Arbeit	103
3.6.5	Zu den Ansichten über den Ausdrucksgehalt künstlerischer Mittel	104
3.6.6	Zu den persönlichen Zielen künstlerischen Arbeitens	105

3.7 Protokoll des Interviews mit Uwe 107

3.7.1	Arbeitsphasen	107
3.7.2	Zu den Einflussfaktoren künstlerischen Arbeitens	111
3.7.3	Zur Rolle des sozialen Austauschs für den Schaffensprozess	112
3.7.4	Zur Rolle der eigenen Befindlichkeit für die kreative Arbeit	113
3.7.5	Zu den Ansichten über den Ausdrucksgehalt künstlerischer Mittel	114
3.7.6	Zu den persönlichen Zielen künstlerischen Arbeitens	117

4 Ergebnisse der Untersuchung 119

4.1 Aussagen zum Verlauf des kreativen Schaffensprozesses 119

4.1.1	Aussagen zur Vorbereitungsphase	120
4.1.2	Aussagen zur Inkubationsphase	122
4.1.3	Aussagen zur Illuminationsphase	125
4.1.4	Aussagen zur Verifikationsphase	127

4.2 Aussagen zu den Einflussfaktoren des künstlerischen Schaffensprozesses 130

4.2.1. Aussagen zu fördernden Faktoren des künstlerischen Schaffensprozesses 130

4.2.1.1	Fördernde Faktoren auf der situativ-sozialen Ebene	131
4.2.1.2	Fördernde Faktoren auf der Persönlichkeits- und Handlungsebene	133

4.2.1.3 Fördernde Faktoren auf der emotional-motivationalen Ebene	134
4.2.1.4 Fördernde Faktoren auf der kognitiven Ebene	135
4.2.1.5 Fördernde Faktoren auf der physischen Ebene	139
4.2.2 Aussagen zu hemmenden Faktoren des Schaffensprozesses	139
4.2.2.1 Soziale Situationen	139
4.2.2.2 Negative Kognitionen in Bezug auf die Arbeit	142
4.3 Aussagen zur Rolle des sozialen Austauschs für den Schaffensprozess	143
4.4 Aussagen zur Rolle der eigenen Befindlichkeit für den Schaffensprozess	143
4.5 Aussagen zum Ausdrucksgehalt künstlerischer Mittel	145
4.6 Aussagen zu den persönlichen Zielen künstlerischen Schaffens	149

5 Zusammenfassung der Ergebnisse   153

5.1 Die Rolle der Person und ihre Motive für künstlerisches Schaffen	153
5.2 Zusammenfassung der Aussagen zur Vorbereitungsphase	153
5.3 Zusammenfassung der Aussagen zur Inkubationsphase	154
5.4 Zusammenfassung der Aussagen zur Illuminationsphase	154
5.5 Zusammenfassung der Aussagen zur Verifikationsphase	155
5.6 Zusammenfassung der Aussagen zu fördernden Faktoren	155
5.7 Zusammenfassung der Aussagen zu hemmenden Faktoren	156
5.8 Zusammenfassung der Aussagen zur Rolle der eigenen Befindlichkeit für den künstlerischen Schaffensprozess	156

5.9 Zusammenfassung der Aussagen zum Ausdrucksgehalt
künstlerischer Mittel   157

5.10 Zusammenfassung der Aussagen zu den persönlichen
Zielen künstlerischen Schaffens   157

6 Schlussbetrachtung   159

6.1 Diskussion der Ergebnisse   159

6.1.1 Die Schaffensphasen im kreativen Prozess   159
6.1.2 Die Einflussfaktoren des kreativen Prozesses   160
6.1.3 Eine kreativitätsfördernde Umwelt   160
6.1.4 Befindlichkeit, Gefühle und die kreative Arbeit   161
6.1.5 Das Mitteilen von als negativ empfundenen Gefühlen   162

6.2 Ausblick   162

6.3 Fazit   163

7 Literaturverzeichnis   165

8 Anhang   173

Vorwort

Man darf vielleicht die recht allgemeine Behauptung wagen, dass unsere Gesellschaft, insbesondere in der sog. westlichen Welt, vor allem an Produkten interessiert ist, an dem Prozess, wie diese Produkte entstehen, dagegen weniger. Das gilt sicher auch für den Bereich der Kunst. Gemälde, z. B., lassen sich ohne allzu viel Aufwand betrachten und beurteilen, evtl. sogar kommerziell auswerten und sind schon deshalb von Interesse; wie sie entstanden sind, ist Privatsache des Künstlers, interessiert weniger und geht eigentlich keinen etwas an. Die vorliegende Arbeit interessiert sich aber gerade für diesen Prozess des künstlerischen Schaffens.

Sieben Künstlerinnen und Künstler haben der Autorin in „problemzentrierten Interviews" Auskunft über verschiedene Phasen und Aspekte der Entstehung ihrer Werke gegeben. Herausgekommen sind dabei zunächst höchst aufschlussreiche Gesprächsprotokolle, die zeigen, auf wie unterschiedliche Art und Weise die Befragten ihre Arbeit sehen und beschreiben. Die Protokolle zeichnen sich durch eine sehr große Informationsfülle aus. Es ist der Autorin aber gelungen, diese Fülle doch irgendwie zu „bändigen", indem sie die Aussagen in überschaubare Kategorien einordnet; so findet man immer Aussagen zu verschiedenen Schaffensphasen, zu Faktoren, die den Schaffensprozess fördern oder hemmen, zur Bedeutung des sozialen Austausches für den Schaffensprozess, zur Rolle der eigenen Befindlichkeit für die kreative Arbeit und zu den Ansichten über den Ausdrucksgehalt verschiedener künstlerischer Mittel.

So individuell die Einzelfälle auch sind, einige Gemeinsamkeiten lassen sich doch finden. Frau Corvacho hat sie in einem gesonderten Kapitel ihrer Arbeit formuliert und veranschaulicht. Recht übereinstimmend sind beispielsweise die Einschätzungen der Rolle der inneren Offenheit in der Vorbereitungsphase (S. 101), der teilweise schmerzhaften und frustrierenden Erlebnisse in der Inkubationsphase (S. 101 ff.), des Überraschungseffekts in der Illuminationsphase (S. 104) und der Distanzierungsprozesse in der Verifikationsphase (S. 106 ff.). Dass die hier benutzten Ergebnis-Kategorien nicht immer besonders trennscharf sind (z. B. die „Leichtigkeits-" Kategorien auf S. 113 und S. 115 oder die Kategorien „Fremdbestimmung" und „Zwänge" auf S. 119), war wohl nicht zu verhindern und ist auch nicht schlimm. Die Ermittlung und Darstellung all dieser Ergebnisse geschieht auf eine äußerst sorgfältige, transparente, geschickte und auch detailreiche Art und Weise. Etwas knapper gehalten ist dagegen die Diskussion, sie ist deshalb jedoch nicht weniger sorgfältig; die Befunde werden noch einmal kompakt zusammengestellt und psychologisch sehr verständnisvoll und gedankenreich interpretiert. Besonders interessant finde ich z. B. die Verbindung einiger Ergebnisse mit der self-dicrepancy-theory von Higgins (S. 136) sowie die kritischen Reflexionen zum Umgang unserer Gesellschaft mit den Themen Leistung und Kreativität (S. 138).

Die gesamte Arbeit ist mit hoher Kompetenz und mit großem Engagement geschrieben. Man merkt ihr an, dass die Autorin ihr Thema wichtig und schön findet, man merkt ihr auch an, dass die Autorin selbst künstlerisch aktiv ist und weiß, worüber sie schreibt.

Hamburg im Mai 2006   Prof. Dr. Gerhard Vagt
Psychologisches Institut II
Universität Hamburg

Grundgedanken der vorliegenden Arbeit

Ausschlaggebend für das Interesse der Autorin an der Thematik dieser Studie war und ist ihre große Leidenschaft an der Malerei und an dem Werk bestimmter Maler[1] verschiedener Epochen. Durch ihre intensive Auseinandersetzung mit dieser Materie sind konkrete Fragestellungen entstanden, die sich allmählich zum Thema dieser Arbeit herauskristallisierten. Vor allem war die Frage, wie bzw. auf welchen Ebenen schöpferische Prozesse in der Malerei verlaufen und welche Faktoren diese Prozesse zu beeinflussen vermögen, von zentraler Bedeutung. Also: Wie kommt ein Maler zu seinem Bild? Und vor allem: Wie ist der Verlauf dieser schöpferisch-künstlerischen Arbeit systematisch zu erfassen und wissenschaftlich zu beschreiben?

Darüber hinaus wurde die Motivation zu dieser Arbeit durch Erfahrungen mit der Maltherapie im Rahmen eines einjährigen Praktikums in der Sozialpsychiatrischen Ambulanz des Universitätskrankenhauses Eppendorf in Hamburg verstärkt. Das Vertrautwerden mit den wichtigsten Grundsätzen maltherapeutischen Arbeitens sowie die praktischen Erfahrungen mit der Maltherapie dürfen generell für die Gesamtrichtung dieser Arbeit als anregend betrachtet werden, obwohl sie für das weitere wissenschaftliche Vorgehen keine Rolle spielen[2].

Da sich das Forschungsinteresse der vorliegenden Studie primär auf den Prozess künstlerischen Schaffens in der Malerei am Beispiel zeitgenössischer Kunstmaler richtet, ist diese Arbeit im Bereich der Kunstpsychologie[3] anzusiedeln. Letztere widmet sich den subjektiven und individuellen Aspekten der Kunst mit dem Ziel, künstlerischen Ausdruck und seine Wirkungen zu verstehen. Es handelt sich daher bei dieser Arbeit um die Erfor-

---

[1] Aus stilistischen Gründen und wegen der flüssigeren Lesbarkeit des Textes wurde in der vorliegenden Arbeit die männliche Bezeichnung gewählt. Diese schließt immer Personen beider Geschlechter mit ein.
[2] Es muss in diesem Zusammenhang darauf hingewiesen werden, dass es sich bei den für diese Arbeit interviewten Personen um seelisch gesunde Menschen handelt, im Sinne von nicht behandlungsbedürftig – zur Zeit nicht in medikamentöser oder psychiatrischer Behandlung.
[3] in Abgrenzung zur Kunstpsychologie befassen sich Kunstgeschichte und Kunstsoziologie mit allgemeinen, historischen und gesellschaftlichen Aspekten der Kunst.

schung kreativer Schaffensprozesse von in der Gegenwart lebenden[4] Künstlern mit der Intention, die ihnen innewohnenden schöpferischen Handlungen unter besonderer Berücksichtigung der erwähnten subjektiven und individuellen Aspekte zu beschreiben und um aus diesen Beschreibungen zu allgemeineren Aussagen zu gelangen, was zu einem besseren Verständnis eben dieser schöpferischen Prozesse in der Kunst führen kann. Dabei sollen Dynamik und Verlauf von kreativen Arbeitsprozessen im Zentrum dieser Arbeit liegen. Zudem sollen mit Hilfe psychologischer Methodik auf die folgenden Fragen Antworten gefunden werden:

— *Wovon können Menschen, die kreativ arbeiten, profitieren: was ist für kreatives Arbeiten förderlich, und was ist dafür wiederum eher hinderlich?*

— *Welche Rolle spielt die eigene Befindlichkeit bei der künstlerischen Arbeit – und umgekehrt, welche Rolle spielt künstlerisches Arbeiten für die eigene Befindlichkeit?*

— *Welche Ansichten haben Kunstmaler über den Ausdrucksgehalt künstlerischer Mittel?*

— *Welche Rolle spielen Austausch und Kommunikation mit anderen Menschen für die künstlerische Arbeit?*

— *Werden durch die künstlerische Arbeit bestimmte Ziele verfolgt und wenn ja, von welcher Art sind diese? Welche Ziele werden mit der künstlerischen Arbeit im Allgemeinen verfolgt?*

Es wurde bei der Behandlung des Forschungsgegenstandes versucht, eine Form der Darstellung zu finden, die bei aller Klarheit, Komplexität, Nicht-Linearität und Lebendigkeit schöpferischen Prozessen gerecht werden kann.

---

[4] im Gegensatz zu einer pathografischen Studie, die sich mit Künstlern vergangener Zeit befassen würde.

1. Kreativität und der kreative Schaffensprozess

Über Kreativität und kreative Prozesse ist unendlich viel geschrieben worden, deshalb wäre der Versuch, im Rahmen dieser Arbeit, alles was zu diesen Themen gesagt bzw. erforscht wurde, vollständig zu dokumentieren, ebenso unnötig wie unmöglich. Andererseits soll die folgende Darstellung dennoch wesentliche Aspekte von Kreativität umfassen. Ziel dieses Kapitels ist es, dem Leser einen Überblick in dieses breite Forschungsgebiet zu ermöglichen, und vor dem Hintergrund dieser theoretischen Einführung, das Verständnis der vorliegenden empirischen Studie zu erleichtern.

1.1 Eine Begriffsbestimmung

Die Anfänge der Kreativitätsforschung reichen weit in die Denkpsychologie zurück. Nach der Auffassung Landaus (1969, S. 13 ff.) wird das Phänomen der Kreativität[1] von den verschiedenen Autoren unterschiedlich aufgefasst. Nach Barron (1965) kann Kreativität im allgemeinen als die Fähigkeit, etwas Neues zu schaffen, verstanden werden. Das neue "Produkt" muss zudem von irgendeiner Gruppe als brauchbar oder befriedigend angesehen werden (Stein, 1973). In diesem Zusammenhang prägt Csikszentmihalyi (2001, S. 47) den Begriff der Domäne[2]. In der Regel werden nur Teilaspekte der Kreativität erforscht und erfasst und je nach Ausrichtung des Forschers wird der Schwerpunkt entweder auf die kreative Persönlichkeit, auf das schöpferische Produkt oder auf den kreativen Prozess[3] gelegt. Barron (1963) unterscheidet zwischen Neuheit des Produkts, Prozessen und persönlichen Faktoren der Person, die für die Entstehung von Neuem förderlich sind. Dennoch steht für Barron (1964) der Prozesscharakter der Kreativität im Vordergrund, wie bereits bei Anderson (1959) und May

---

[1] Das Wort Kreativität hat seinen Ursprung im lateinischen Begriff *creare*, was zeugen, gebären, schaffen, erschaffen bedeutet. Schon dieser Herleitung nach ist Kreativität etwas dynamisches, ein Prozess, der sich entwickelt und entfaltet und der bereits Ursprung und Ziel in sich birgt (vgl. Landau, 1969, S. 9).
[2] Csikszentmihalyi (2001) beschreibt ein Systemmodell. Demnach ist Kreativität nur in den Wechselbeziehungen eines Systems wahrnehmbar. Dieses System setzt sich wiederum aus drei Hauptelementen zusammen: Domäne, Feld und Individuum. Die Domäne ist ein Teil des Systems und besteht aus eigenen symbolischen Regeln und Verfahrensweisen (Beispiel einer Domäne: die Mathematik).
[3] Die Untersuchung des kreativen Schaffensprozesses am Beispiel der Malerei bildet den Kern der vorliegenden Studie.

(1959). Kreative Prozesse jeglicher Art wurden ebenso als die Fähigkeit bezeichnet, Beziehungen zwischen bislang Zusammenhanglosem zu finden, welche sich in der Form neuer Denkschemata als neue Erfahrungen, Ideen oder Produkte ergeben (Smith, 1964; Parnes, 1964; Guilford, 1967). Diese unterschiedlichen Ausgangspunkte, Voraussetzungen und Arbeitsmethoden haben nach der Auffassung Cropleys (1995) zu kontroversen Ansichten darüber geführt, welche Methode den besseren Zugang zur Kreativität ermöglicht. Für Cropley (1995) liegt beim Versuch, Kreativität wissenschaftlich zu erforschen, dennoch der Schwerpunkt auf dem Aspekt der Neuheit; eine Ansicht, die schon von Torrance (1988) vorgeschlagen wird.

1.2 Einschlägige Ansätze zur Erklärung von Schaffensprozessen

Der Schaffensprozess wurde von verschiedenen Autoren in Phasen eingeteilt. Dewey (1910, zit. nach Landau, 1969) differenzierte als erster den Problemlösungsprozess[4] in fünf Phasen, nämlich: empfundene Schwierigkeit, Erfassen und Definition des Problems, Sammeln möglicher Lösungen, hypothetische Erwägungen und Testen der angenommenen Lösungen. Von Durkin (1937) wurde ein Drei-Phasen-Modell entwickelt: Versuch und Irrtum, plötzliche Reorganisation und schrittweise Analyse. Später fasst Johnson (1955) die fünf Phasen Deweys (s. o.) ebenfalls in drei Phasen zusammen: Vorbereitung, Produktion und Beurteilung. Merrifeld et al. (1959, zit. nach Landau 1969) erweitert diese drei Phasen wieder auf fünf: Vorbereitung, Analyse, Produktion, Verifikation und Reapplikation.

Arnold (1962) und Guilford (1967) begannen bei der Erforschung der Kreativität den kreativen Schaffensprozess zu analysieren. Beim Vergleich mit Denkprozessen kamen sie zu dem Ergebnis, dass kreative Prozesse Problemlösungsprozessen analog sind. Insbesondere durch die Arbeit von Guilford erhielt die Kreativitätsforschung neue Impulse. Guilford (1967) kam zu dem Schluss, dass die Parallelen zwischen Problemlösungssituationen und kreativem Denken darin bestehen, dass in beiden Fällen das Individuum neue Strategien entwickeln und anwenden muss oder einen inadäqua-

---

[4] Ein Problem ist dann gegeben, wenn das Individuum ein bestimmtes Ziel erreichen will, jedoch nicht weiß, wie es zu diesem Ziel kommen kann und auf nicht wohlbekannte, spezifische Techniken und Operationen zurückzugreifen vermag. Wenn der Organismus ohne Verzögerung respondieren kann, auf die Situation vorbereitet ist, kann man nicht von einem Problem sprechen. (Graumann nach Landau, 1969, S. 61-62)

ten Stimulus in einen adäquaten verwandeln und applizieren muss. Für ihn ist jede Problemlösung ein kreativer Prozess. Bei Arnold (1959) liegt die Betonung darauf, dass die Lösung im kreativen Prozess eine synergetische ist. Nach Rogers (1998) wird der kreative Schaffensprozess als das tätige Hervorbringen eines neuartigen Produkts der Beziehungen zwischen der Einzigartigkeit des Individuums einerseits und den Materialien, Ereignissen, Menschen oder Umständen seines Lebens andererseits definiert. Dabei ist dies seiner Meinung nach unabhängig von der "moralischen" Qualität des kreativen Produkts, d. h., unabhängig davon, ob es sich um "gute" oder "böse" Kreativität handelt.

1.3 Das Vier-Phasen-Modell von Wallas

Nach Wallas (1926) ist das kreative Denken dem Künstler und dem Wissenschaftler gemeinsam. Er beschreibt den kreativen Schaffensprozess durch vier Phasen. Seiner Ansicht nach ist der kreative Schaffensprozess, sowohl beim Denker, als auch beim Künstler, in diesen vier Phasen eindeutig erkennbar, nämlich:

1. Vorbereitungsphase,

2. Inkubationsphase

3. Illuminationsphase und

4. Verifikationsphase.

Von den vielen Beschreibungen des inspirierten Zugangs zur Kreativität ist die Vier-Phasen-Einteilung die meistgebrauchte. Manche Forscher sprechen auch von einem Stadium statt einer Phase. Dennoch sind sich alle einig, dass in der Tat das Konzept von Wallas über den Schaffensprozess die Basis für fast alle systematischen und standardisierten Untersuchungsmethoden zu diesem Thema bildet, selbst wenn später andere Autoren leichte Veränderungen an dem Wallaschen Modell durchführten, darunter Osborn (1948), Patrick (1955), Parnes (1962), de Bono (1967), Parnes, Noller und Bondi (1977; vgl. Torrance, 1988). Auch Guilford (1950, 1959) vertritt die Auffassung, dass der kreative Prozess aus vier Schritten besteht: 1. Erkenntnis des Problems, 2. Produktion von Ideen für dieses Problems, 3. Auswertung der Ideen nach deren Ergiebigkeit hinsichtlich des Problems und 4. das Schlussfolgern. Seiner Ansicht nach sollen diese Phasen nicht im Sinne einer linearen Abfolge einzelner, voneinander getrennter Schritte verstanden werden, sondern vielmehr im Sinne vernetzter Funktionskreise. Erwähnenswert in diesem Zusammenhang scheinen die Untersuchungen an Malern und Dichtern, die von einigen Autoren wie Patrick (1935) und Eindhoven und Vinacke (1952) mit dem Zweck durchgeführt wurden, das Konzept der vier Phasen zu überprüfen. Durch ihre Ergebnisse sahen sie diese Phasen bestätigt, fügten aber hinzu, dass der Schaffensprozess durch die vier Phasen nicht vollkommen abgebildet werden könne, da es sich bei diesem um einen äußerst dynamischen Prozess handelt, bei dem die Phasen stark ineinander verwoben sind. Vor dem erläuterten Hintergrund wird das Vier-Phasen-Konzept nach Wallas als essentieller Bestandteil des theoretischen Fundaments der vorliegenden Arbeit dienen. Es folgt nun eine kurze Beschreibung der vier Arbeitsphasen.

1.3.1 Die Vorbereitungsphase

Die Vorbereitungsphase gilt in der Literatur als eine Zeit der Ansammlung von Wissen (vgl. Landau, 1969). Csikszentmihalyi (2001, S. 119) vertritt die Ansicht, dass es bei der Vorbereitungsphase in erster Linie um die Wahrnehmung des Problems geht, um eine bewusste oder unbewusste Beschäftigung mit der problematischen Fragestellung, weil diese das Interesse und die Neugier weckt. Besonders günstige Voraussetzungen, damit dieses gesammelte Wissen zu Erfahrung wird, sind die Sensitivität der Wahrnehmung und die Naivität[5] in der Interpretation dieser Wahrnehmungen. Im Gegensatz dazu sollen Zensur, starre Kategorien und Stereotype nach Möglichkeit vermieden werden. Je mehr Erfahrungen ungebunden bleiben, desto kreativer wird der Prozess. Werden hingegen die Informationen zu schnell in Stereotypen geordnet, kommt es zu keiner Inkubationsphase und zu keinem kreativen Prozess (vgl. Landau, 1969). Andere Autoren, wie z. B. Müller-Freienfels (1923), ordnen das gesamte vorherige Leben eines Individuums ebenfalls der Vorbereitungsphase zu.

---

[5] Über die Naivität, die der kreativen Persönlichkeit eigen ist, spricht Jones (1957) in seinen biographischen Angaben über Copernicus, Darwin, Goethe, Newton und behauptet, dass diese Naivität ein Charakteristikum der Offenheit für neue Ideen sei.

1.3.2 Die Inkubationsphase

Nach Landau (1969, S. 66) vollzieht sich die Inkubationsphase im Unbewussten und besteht im unbewussten Problemerwägen nach einer Lösung. Diese Darstellung scheint etwas undifferenziert zu sein, denn es wird dabei nicht berücksichtigt, dass Inkubationsprozesse, wie sie in der Kunst (z. B. in der Malerei) stattfinden, von einem Erahnen der "richtigen" Lösung begleitet werden können. Dabei stellt oft die konkrete Umsetzung einer bestimmten Idee ins Bildnerische und nicht nur die Idee an sich das eigentliche Problem dar. Dies bedeutet, dass die Inkubationsphase einerseits in der unbewussten Beschäftigung mit dem Problem, andererseits in der gründlichen Anschauung und im Suchen nach einer Lösung besteht. Nach Guilford (1973) erfolgt während der Inkubationsphase in Bezug auf die Problemlösung kein Fortschritt. Diese Behauptung erscheint durchaus diskussionswürdig, denn oft werden seitens der Schaffenden die charakteristischen "Fehlschläge" dieses Arbeitsstadiums, zumindest rückblickend, als Fortschritt für den Prozess insgesamt betrachtet. Insofern könnte man eher sagen, es handelt sich um keine unmittelbar sichtbaren Fortschritte. Unter einem anderen Aspekt betrachtet, wird die Inkubationsphase von einer starken emotionalen Komponente begleitet. Während die Ideen "ausgebrütet" werden, kommt es zu beklemmenden Gefühlen der Unruhe, der Frustration und der Minderwertigkeit. In dieser Phase kommt es darauf an, dem gespannten Zustand, der den Vorgängen im Unbewussten folgt, Frustrations- und Ambiguitätstoleranz entgegenzusetzen (Landau, 1969). Weiter vertritt Landau (1969) die Auffassung, dass Inkubationsvorgänge sich dem empirischen Zugriff entziehen. Nach Regel (1986) laufen während der Inkubationsphase vorbewusst Verknüpfungs- und Strukturierungsvorgänge ab, die die sinnlichen (z. B. visuelle) Gedächtnisinhalte mit den Ausdrucksmöglichkeiten in Verbindung bringen. Unterschiedliche Autoren sind der Auffassung, dass bestimmte Bedingungen Inkubationsprozesse begünstigen können. Genannt werden insbesondere entspannte Situationen ohne bewusste konzentrierte Beschäftigung mit dem Problem, wie z. B. Spaziergänge, Träume und Tagträume oder eine einfache Busfahrt (Poincarè, 1973, Müller-Freienfels, 1923). Regel (1986) beschreibt den Einfluss von sinnlichen Stimulationen für Inkubationsprozesse, z. B. durch Musik, das Betrachten von Kunstwerken oder bestimmte Reizmittel als ebenfalls günstig.

1.3.3 Die Illuminationsphase

Nach Landau (1969) erfolgt in der Illuminationsphase, auch Inspirationsphase genannt, die plötzliche Einsicht in die Lösung des Problems. Bühler (1907) sprach zuerst in diesem Zusammenhang vom "Aha-Erlebnis". Nach Landau (1969) ist die Einsichtsphase bzw. das "Aha- oder "Heureka-" Erlebnis ein unfreiwilliger Moment, in welchem das Material der Inkubationsphase sich zu einer deutlichen, sinnvollen Erkenntnis verwandelt, die plötzlich auftaucht. Die Illuminationsphase wird gewöhnlich von starken Gefühlen begleitet und erfordert vom Individuum innere Stabilität, um diese starken Gefühle, welche das "Aha-Erlebnis" begleiten, zu ertragen. Nach Müller-Freienfels (1923) und Kris (1977) erfolgt die Inspiration unter Ausschaltung des normalen Aktivitätsbewusstseins. Dabei entsteht beim Schaffenden das Gefühl, Werkzeug einer höheren, überpersönlichen Instanz zu sein und passiv zu empfangen.

1.3.4 Die Verifikationsphase

Die vierte Phase des kreativen Schaffensprozesses ist die Bewertung. Nach Csikszentmihalyi (2001) muss hier die Person entscheiden, ob es sich um eine lohnende und wertvolle Einsicht handelt. Nach Landau (1969) stellt die Verifikationsphase den abschließenden Teil des schöpferischen Prozesses dar. Die neue Einsicht wird getestet, geprüft und geformt, bis sie dem kreativen Individuum und der Umwelt "adäquat" ist. Das Individuum soll dabei Beharrungsvermögen und Differenzierungsfähigkeit aufbringen, um zu prüfen, ob diese Einsicht wirklich neu, relevant und angemessen ist und ob sie die Erfahrungswelt des Individuums bzw. der Kultur erweitert. Als eine der wichtigsten Aufgaben dieser Phase wird die der Kommunikation beschrieben. In der Verifikationsphase versucht das Individuum seine subjektiven neugewonnen Einsichten der Umwelt mitzuteilen (Landau, 1969).

1.4 Einflussfaktoren der kreativen Arbeit

Ferner wird in der Literatur allgemein von unterschiedlichen Bedingungen berichtet, die einen nachhaltigen Einfluss – positiv oder negativ – auf den kreativen Schaffensprozess haben können. Dabei wird motivationalen Aspekten häufig eine wesentliche Bedeutung für das kreative Schaffen zugeschrieben. Auf die entscheidende Rolle einer kreativitätsfördernden Umwelt wird von einigen Autoren, z. B. Amabile (1983, 1988), hingewiesen.

Deshalb sollen im folgenden Abschnitt einige der wesentlichen Aspekte dieser Einflussfaktoren des kreativen Schaffens behandelt werden.

1.4.1 Motivationale Aspekte

Was die Motive kreativen Handelns betrifft, so wurden von den jeweiligen Vertretern diverser psychologischer Richtungen[6] unterschiedliche Aussagen gemacht. Während Freud (1966, 1987) Kreativität mit dem Begriff der Sublimation begründet, ist Rogers (1959) – mit seiner humanistischen Auffassung – der Ansicht, dass Motiv und Ziel kreativen Handelns die Selbstverwirklichung ist. Weiter lautet seine humanistische Idee, als dessen Vertreter auch Maslow (1959) gilt, dass sich dieser "natürliche" Impuls zur Selbstverwirklichung, durch bestimmte Bedingungen entfalten kann, während er durch andere Bedingungen – wie z. B. Existenzangst, Anpassungszwänge, Angst vor Strafe, Angst vor Kritik, Selbstzweifel, u. ä. – häufig gehemmt wird. Metzger (1962) hingegen betont, dass die schöpferische Tätigkeit keines gesonderten Antriebs und keiner gesonderten Belohnung bedarf, weil sie allein von der Problemstellung her gelenkt wird und sich in der Erfüllung belohnt. Hunt (1965) vertritt die Ansicht, dass es Aktivitäten gibt, die ohne Lohn und Strafe sich selbst bestärken, d. h., dass Bedürfnisbefriedigung nicht erst beim Erreichen des Endzustandes eintritt, sondern schon durch die Aktivität selbst, und hebt die Rolle intrinsischer Motivation für schöpferische Prozesse hervor. Auch nach Amabile (1988) hat die Liebe zur eigenen Arbeit einen maßgeblichen Einfluss auf die kreativen Leistungen, die vom Individuum in einem jeweiligen Bereich erbracht werden. Aus ihrer Sicht zeugen die meisten der zahlreichen Berichte über kreative Persönlichkeiten von der intensiven und leidenschaftlichen Auseinandersetzung dieser Menschen mit ihrer Arbeit sowie ihrer Liebe für diese, worin sie ein Charakteristikum kreativer Individuen sieht (Amabile, 1983). Auch Csikszentmihalyi (2001, S. 158) betont die große Liebe zur Arbeit – und zwar unabhängig von Belohnungen äußerer Natur – als ein häufiges Merkmal kreativer Individuen. Er beschreibt in diesem Zusammenhang den "flow state" (vgl. Csikszentmihaly, 1985) als einen Bewusstseinszustand, den vielen kreative Individuen auf dem Höhepunkt ihrer kreativen Handlungen erleben.

---

[6] *Landau* (1969, S. 50-57) macht eine Einteilung der diversen Motivationstheorien in drei Gruppen: Verstärkungstheorien, reduktionistische und existentialistische Theorien und Kommunikationstheorien.

1.4.2 Eine kreativitätsfördernde Umwelt

Nicht nur das Motiv der kreativen Handlung scheint eine entscheidende Rolle bei kreativen Prozessen zu spielen, sondern von herausragender Bedeutung ist auch eine förderliche Umwelt, die diese vorhandene Bereitschaft zum kreativen Handeln unterstützt. Diese Auffassung vertreten z. B. Amabile (1988) und später auch Csikszentmihalyi (2001, S. 185 ff.). Beide sprechen der Umwelt eine entscheidende Rolle für das Zustandekommen kreativer Leistungen zu. Nach Csikszentmihalyi (2001) ist niemand immun gegen die Eindrücke, die von außen auf die Sinne einwirken. Selbst wenn der Eindruck entsteht, dass kreative Individuen auch unter extrem schlechten Bedingungen produktiv sind, entspreche dies nicht wirklich den Tatsachen. Er betont, dass der räumlich-zeitliche Lebenskontext eine entscheidende Rolle spielt, was aber oft unbemerkt bleibt. Weiter führt er aus, dass das richtige Milieu in vielerlei Hinsicht von großer Bedeutung für die schöpferische Arbeit ist, da es die schöpferische Arbeit selbst, sowie die Annerkennung dieser, erheblich beeinflussen kann. Darüber hinaus sollen kreative Individuen besonders über die Fähigkeit verfügen, ihrer Umgebung – unabhängig von ihren wirtschaftlichen Verhältnissen – eine persönliche Note zu geben, die im Einklang mit dem Rhythmus ihrer Gedanken und Gewohnheiten steht. Auch Rogers (1998, S. 346 ff.) betont die Rolle einer kreativitätsfördernden Umwelt und spezifiziert entsprechende Merkmale, indem er "conditions of creativity" formulierte. Seiner Meinung nach wird die Wahrscheinlichkeit zur Entstehung konstruktiver Kreativität am besten durch das Herstellen von Bedingungen für psychische Sicherheit und psychische Freiheit gefördert. Diese psychische Sicherheit kann demnach durch drei miteinander verbundene Prozesse hergestellt werden: das Individuum als bedingungslos wertvoll akzeptieren, ein Klima anbieten, in dem Wertschätzung von außen erfolgt und das Individuum emphatisch verstehen. Unter psychische Freiheit wiederum versteht er die völlige Freiheit des symbolischen Ausdrucks, die die Kreativität fördert. Durch diese Permissivität (permissiveness) erhält das Individuum die Freiheit, es selbst zu sein. Gleichzeitig begünstigt es die Offenheit[7], spielerisch und spontan mit Wahrnehmungen, Begriffen und Bedeutungen zu jonglieren. Seiner Meinung nach bewirkt die symbolische Zerstörung eines verhassten Gegenstandes bzw. dessen symbolischen Ausdrucks – im Gegensatz zu der Reglementierung des Verhaltens durch die Gesellschaft – eine Befreiung. Für ihn ist die Erlaubnis, frei zu sein, mit Verantwortung tragen, gleichzuset-

---

[7] Unter Offenheit versteht *Rogers* (1998, S. 186 ff.) den Gegensatz zur Abwehr.

zen. Die bereits erwähnte Permissivität stellt für ihn keine Weichheit, Verwöhnung oder Ermutigung dar, sondern "die verantwortungsvolle Freiheit, man selbst zu sein", was die Entwicklung einer eigenen sicheren Bewertungsinstanz begünstigt und so die inneren Bedingungen für konstruktive Kreativität schafft. Andere Autoren betonen die wichtige Rolle von frühen und positiven Erfahrungen in einem bestimmten Bereich – also einen guten Start – für die Entwicklung von kreativen Leistungen in diesem. Dies ist bekannt unter dem Begriff "Matthew-Effects". Walberg (1988, S. 349 ff.) beschreibt kreatives Lernen und Verhalten als stark durch die Vergangenheit determiniert. Anhand reichlich kompilierten Studienmaterials kommen Walberg und Tsai (1984) zu dem Schluss, dass frühe Vorteile in einem bestimmten Lebensbereich zu späteren Vorteilen in eben jenem Bereich führen. Dies lässt den Schluss zu, dass jemand, der schon früh zum kreativen schöpferischen Verhalten animiert wird – also in einer kreativitätsfördernden Umwelt aufwächst – in hohem Maße davon profitiert und bei gleicher Begabung gegenüber jemandem, der in einer wenig kreativitätsfördernden Umwelt aufwächst, einen substantiellen Vorteil geniessen dürfte.

1.4.3 Einflussfaktoren der Persönlichkeit

Zahlreiche Autoren haben sich mit den Merkmalen der Künstlerpersönlichkeit und deren Rolle als Einflussfaktor des künstlerischen Schaffensprozesses befasst.
Demzufolge haben eine Fülle von Studien die Persönlichkeit von Künstlern zum Gegenstand. Auf nur einige wenige und wesentliche Forschungsergebnisse dieses Gebiets wird im folgenden eingegangen, da das Thema der Künstlerpersönlichkeit für die vorliegende Studie von zweitrangiger Relevanz ist.

Nach Müller-Freienfels (1923) besitzt der Künstler keine speziellen Begabungen, sondern Typisches in besonderer Steigerung und beschreibt dabei drei Haupteigenschaften, die zum künstlerischen Schaffen erst befähigen: die gesteigerte Erlebnisfähigkeit, die gesteigerte Ausdrucksfähigkeit und die gesteigerte Fähigkeit zur Gestaltung eines ästhetischen Eindrucks im anderen Menschen. Guilford (1957) hat anhand einer Untersuchung, die sich mit der Kreativität von Dichtern befasste, eine Liste von künstlerischen Kreativitätsfaktoren erstellt: Assoziations-, Wort- und Ideengeläufigkeit, auditives und visuelles Gedächtnis, Ausdrucksgeläufigkeit, Originalität, spontane und adaptive Flexibilität, Visualisierung und Evaluation. Nach Getzels und Csikszentmihalyi (1976) und Csikszentmihalyi, (1988) interagieren soziale Rollen, Umfeld und Persönlichkeit des Künstlers miteinander und sind für den Erfolg des Künstlers in seinem Berufsfeld bestimmend.

1.5 Über die Wahrnehmung und Mitteilung von Gefühlen

1.5.1 Die Enthüllung eigener Gefühle

Nach Schmidt-Atzert et al. (1993) wird verbalen Angaben zum eigenen emotionalen Erleben häufig mit Misstrauen begegnet. Neben einer mangelnden Fähigkeit der Befragten zur Selbstbeobachtung wird gerne auf die Möglichkeit der Verfälschbarkeit der Angaben verwiesen. Dennoch stehen bislang keine Methoden zur Verfügung, die einen direkten Zugang zu menschlichen Gefühlen gestatten. Dies macht die direkte Auskunft des Individuums unentbehrlich. Als wichtigstes Ausdrucksmittel zur Mitteilung eigenes Befindens wird die Sprache aufgeführt. Trotzdem wird darüber hinaus die Bedeutung von zahlreichen nicht-sprachlichen Ausdrucksmitteln betont, wie z. B. Gesichtsausdruck und Gestik. Ferner sollen nach der Auffassung der o. g. Autoren, entsprechend talentierte Menschen ihre Gefühle auch durch Tanzen oder Malen mitteilen können. Nach deren Ansicht darf die Mitteilung von Gefühlen nicht einem verbalen Bericht gleichgesetzt werden. Weiterhin vertreten Schmidt-Atzert et al. (1993) die Auffassung, dass es nicht möglich ist, Wissen über das persönliche Befinden eines bestimmten Menschen unabhängig von einer Mitteilung des betreffenden Individuums zu erfassen.

1.5.2 Das Mitteilen von als negativ empfundenen Gefühlen

Weiterhin weisen Schmidt-Atzert et al. (1993) auf Befragungsergebnisse hin, nach denen insbesondere „negative" Gefühle häufig nicht offen mitgeteilt werden. Diese Angaben beziehen sich auf Alltagssituationen, in denen die Personen vermutlich negative Konsequenzen befürchten, wenn sie ihre Gefühle zeigten. Ähnliche Ergebnisse fanden sich in Untersuchungen, die Reaktionen auf die Mitteilung von Gefühlen in fiktiven sozialen Situationen zum Gegenstand hatten. Allerdings wurde auch deutlich, dass das Zeigen von Gefühlen nicht generell als unangemessen gilt. Unter bestimmten Umständen wird sogar eine mangelnde Kommunikation von Gefühlen negativ bewertet (vgl. Graham et al., 1981). Ferner kommen Schmidt-Atzert et al. (1993) zu dem Schluss, dass der verbale und non-verbale Gefühlsausdruck im Alltag stark kontrolliert wird, wobei das Zeigen von Gefühlen nicht per se als inadäquat gilt, sondern in manchen Situationen sogar erwartet wird.

1.5.3 Diskrepanzen zwischen Kognitionen

Als mögliche Ursache für die Entstehung von Gefühlen weist Higgins (1987) darauf hin, dass bereits frühere Theorien einen Zusammenhang zwischen dem Wahrnehmen inkompatibler Kognitionen und dem Erleben von Unbehagen postulieren. Higgins unterscheidet in seiner "self-discrepancy-theorie" drei Aspekte des Selbst: das Realselbst (wie man sich selbst sieht), das Idealselbst (wie man gerne wäre) und das Sollselbst (man glaubt, so solle man sein). Zwischen diesen Bereichen des Selbst können Diskrepanzen bestehen, deren Wahrnehmung zu unterschiedlichen Gefühlen führen. Diskrepanzen zwischen Real- und Idealselbst sollen zu Gefühlen der Traurigkeit und der Enttäuschung führen. Diskrepanzen zwischen Real- und Sollselbst hingegen sollen Furcht, Unruhe und Spannung hervorrufen.

2. Die empirische Untersuchung

Die vorliegende Arbeit ist unter Berücksichtigung der Prinzipien qualitativer Forschung entstanden. Auf den geschichtlichen Hintergrund und die wesentlichen Merkmale qualitativer Forschung wird im folgenden Kapitel eingegangen. Anschließend wird die Wahl und Durchführung der Untersuchungsmethode für diese Arbeit erläutert und begründet.

2.1 Die Qualitative Forschung in der deutschsprachigen Psychologie

Nach Mayring (1999) herrscht in der deutschsprachigen Psychologie, insbesondere im Bereich der experimentellen Psychologie, seit der Jahrhundertwende ein Bestreben, Forschung am menschlichen Sein ausschließlich mit Hilfe naturwissenschaftlicher Methoden zu betreiben und in klare Kategorien zu ordnen. Diese Vorgehensweise hat seine Wurzel in der Tradition Galileis (1564-1642) mit ihrer deduktiven Ausrichtung und exakten Methoden.

Das qualitative Denken, als dessen Urvater Aristoteles (384-322 v. Chr.) gilt, steht für ein Wissenschaftsverständnis, das Gegenstände induktiv betrachtet, d. h., in ihrem Werden und Vergehen (Historizität), mit ihren Intentionen und Zielen (Subjektivität) und in ihrer Einzigartigkeit (Einzelfallanalyse). Von diesem Standpunkt aus wollen qualitative Forschungsmethoden nach Erkenntnissen über die Welt und ihre mögliche Übertragbarkeit auf das Ganze suchen.

Obwohl Mayring (1999) einen Trend zu mehr qualitativer Forschung feststellt und von einer qualitativen Wende spricht, haben nach Ansicht Meys (2000) am qualitativen Paradigma ausgerichtete Forschungsorientierungen weiterhin einen schweren Stand, da sie oft als weich, nicht auf harten Daten basierend und als ungenau diskreditiert werden.

Ungeachtet dieser Umstände gibt es zahlreiche und gewichtige Gründe, die qualitative Forschung zu einer wertvollen Untersuchungsmethode und ihre Anwendung in der modernen psychologischen Forschung erstrebens- und lohnenswert zu machen. Einige der besonderen Eigenschaften qualitativer Forschung sollen im folgenden eingehender erörtert werden.

2.1.1 Zu den Grundbedingungen qualitativer Forschung

Nach Mayring (1999) ist qualitative Forschung bestrebt, folgende Grundbedingungen zu erfüllen:

- *Subjektivität:* Es wird angestrebt, den Einzelnen Menschen in seiner Subjektivität zu begreifen, d. h., in seiner Einzigartigkeit, Ganzheit, mit seiner Historizität und seinen Veränderungen.

- *Offenheit:* Es wird angestrebt, dem Einzelnen möglichst frei zu begegnen. Seine Situation wird beschreibend dargestellt und die methodischen Schritte der Betrachtung werden benannt.

- *Natürliche Umgebung:* Es wird darauf geachtet, dass die Begegnung mit dem Subjekt in seiner natürlichen Umgebung und unter natürlichen Bedingungen stattfindet und nicht im Labor.

- *Interaktion und subjektives Vorverständnis:* Beim Forscher muss Klarheit bzgl. des interpretativen Charakters der Ergebnisse herrschen. Deren Entstehen muss im Forschungsbericht dokumentiert werden. Das subjektive Vorverständnis und die Interaktion zwischen Forscher und Subjekt sollen benannt werden.

- *Verallgemeinbarkeit:* Da menschliches Handeln in großem Maße situativ gebunden ist, kann keine automatische Verallgemeinerung vorgenommen werden. Nach qualitativem Denken muss die Verallgemeinbarkeit der Forschungsergebnisse immer im spezifischen Fall begründet werden. Es muss expliziert werden, für welche Situationen diese Verallgemeinerungen gelten.

2.1.2 Zu den Gütekriterien qualitativer Forschung

Mayring (1999, S. 119 f.f.) beschreibt sechs übergreifende Gütekriterien qualitativer Forschung, die in Anlehnung an die Arbeiten von Kirk und Miller (1986), Flick (1987) und Kvale (1988) entstanden sind. Bei diesen Gütekriterien handelt es sich um die folgenden:

- *Verfahrensdokumentation:* Das Verfahren, mit dem die Daten gewonnen wurden, muss genau dokumentiert werden, um den Forschungsprozess für andere nachvollziehbar werden zu lassen (vgl. Kirk & Miller 1986).

- *Argumentative Interpretationsabsicherung:* Interpretationen müssen argumentativ begründet werden (vgl. Hirsch, 1967; Terhart, 1981, zit. nach Mayring, 1999). Entscheidend dabei ist u. a., dass die Argumentationen in sich schlüssig sind. Brüche müssen erklärt werden. Es muss nach Alternativdeutungen gesucht werden, da die Widerlegung von solchen Negativfällen (Becker & Geer, 1979, zit. nach Mayring, 1999) oder Negativdeutungen bei der Geltungsbegründung von Interpretationen von Bedeutung sein kann.

- *Regelgeleitetheit:* Bei der qualitativen Forschung dürfen zwar vorgeplante Analyseschritte modifiziert werden, um dem Gegenstand näher zu kommen, der Forschende muss dabei dennoch auf die Verfahrensregeln achten. Das Material muss systematisch bearbeitet werden.

- *Nähe zum Gegenstand:* Die Forschung sollte möglichst in der Lebenswelt des Befragten stattfinden, dadurch wird größtmögliche Nähe erreicht und das Entstehen eines gleichberechtigten Verhältnisses begünstigt.

- *Kommunikative Validierung:* Es empfiehlt sich, nach Möglichkeit eine Rückmeldung der Befragten zu den gewonnenen Ergebnissen einzuholen, um die Gültigkeit der Ergebnisse und Interpretationen in einer gemeinsamen Diskussion zu überprüfen (Klüver, 1979; Heinze & Thiemann, 1982). Wenn sich die befragten Personen in der Analyse wiederfinden, kann dieses Argument zur Sicherung der Ergebnisse wichtig sein (vgl. Scheele & Groeben, 1988). Der Interviewpartner wird als Subjekt betrachtet und nicht als Datenlieferant. Allerdings darf dies nicht das einzige oder ausschließende Kriterium sein, da die Analyse sonst bei den subjektiven Bedeutungsstrukturen der Betroffenen verharren müsste. Über diesen Punkt wollen Ansätze wie die psychoanalytische Textinterpretation und die objektive Hermeneutik hinauskommen.

- *Triangulation:* Die Ergebnisse können zur Ergänzung mit anderen Quellen zum Thema verglichen werden. Durch diese Verbindung mehrerer Analysegänge, wird die Qualität der qualitativen Forschung erhöht

(Denzin, 1978; Jick, 1983; Fielding & Fielding, 1986 zit. nach Mayring, 1999). Es wird versucht, unterschiedliche Lösungswege für die jeweilige Fragestellung zu entwerfen und die Ergebnisse zu vergleichen. Ziel der Triangulation ist nicht das Erreichen völliger Übereinstimmung, sondern aus verschiedenen Perspektiven die Fragestellung zu erblicken und durch die Zusammensetzung der verschiedenen Perspektiven zu einem Gesamtbild zu gelangen. Mängel und Stärken der angewandten Methoden werden dabei sichtbar. Vergleiche zwischen qualitativen und quantitativen Analysen können in dem Zusammenhang sehr gewinnbringend sein.

2.2 Zur Auswahl der Untersuchungsmethode

Als Datenerhebungsmethode für die vorliegende Arbeit wurde das problemzentrierte Interview, PZI, nach Witzel (1982, 1989), mit geringfügigen Variationen, angewandt. Die genaue Vorgehensweise wird in diesem Kapitel (s. Punkt 2.3 „Die Gestaltung der Interviews in Anlehnung an das PZI" und folgende) genau dokumentiert.

Witzel (2000) beschreibt das problemzentrierte Interview als ein Datenerhebungsverfahren, dass auf eine möglichst unvoreingenommene Erfassung individueller Handlungen, subjektiver Wahrnehmungen und Verarbeitungsweisen gesellschaftlicher Realität zielt.

2.3 Das problemzentrierte Interview (PZI)

Die Grundhaltung des PZI lehnt sich weitgehend an das theoriegenerierende Verfahren der "Grounded Theory" (Glaser & Strauss, 1998) an. Diese übt einerseits Kritik an der rein hyphothesengeleiteten, deduktiven Vorgehensweise, andererseits wendet sie sich gegen die naiv-induktivistische Position des "soziologischen Naturalismus" (z. B. Hoffmann-Riem, 1980). Bei der "Grounded Theorie" können die Daten nur durch vorher festgelegte Operationalisierungsschritte erfasst und überprüft werden, während beim "soziologischen Naturalismus" die Haltung des Interviewers bzw. Forschers durch prinzipielle Offenheit und das Ausklammern bereits vorhandenen Wissens charakterisiert wird. In Abgrenzung zu den zuvor erläuterten Methoden kommt es beim PZI zu einem Wechselspiel zwischen deduktiven und induktiven Verfahrensweisen. Das PZI ist ein "diskursiv dialogisches Verfahren" (Mey 1999, S. 145), das die Befragten als Experten ihrer Orientierungen und Handlungen begreift, die im Gespräch die Möglichkeit zunehmender Selbstvergewisserung mit allen Freiheiten der Korrektur eigener oder der Intervieweraussagen wahrnehmen können.

Die drei Grundpositionen des PZI sind: Problemzentrierung, Gegenstandsorientierung und Prozessorientierung. Ein weiteres wichtiges Merkmal des PZI ist Offenheit. Der Interviewte soll möglichst frei zu Wort kommen, ohne Antwortkategorien, was eine Vertrauenssituation fördert und in der Folge das Offenheitsprinzip realisiert. Gleichzeitig werden die angeregten Erzählungen auf das Problem oder die Fragestellung zentriert. Das bereits vorhandene Wissen des Interviewers hilft ihm bei der Gestaltung des Interviewleitfadens sowie der Formulierung allgemeiner und spezifischer Sondierungen im Sinne der Erhaltung des Gesprächsfadens.

Das PZI benutzt vier Instrumente, die seine Durchführung ermöglichen und unterstützen: Kurzfragebogen, Leitfaden, Tonbandaufzeichnung und Postskriptum.

Bei der Gestaltung eines PZI ist die unmittelbare Kontaktaufnahme der erste Teil des Interviewablaufs. Danach folgt der Einsatz von erzählungsgenerierenden Kommunikationsstrategien. Das sind: eine vorformulierte Einstiegsfrage, allgemeine Sondierungen und ad-hoc-Fragen. Zudem kommen beim PZI auch verständnisgenerierende Strategien zum Einsatz. Das sind spezifische Sondierungen, wie z. B. Zurückspiegelungen, Verständnisfragen und Konfrontationen. Bei letzterer wird darauf geachtet, die Vertrauensbeziehung und damit die Gesprächsatmosphäre nicht zu gefährden.

Die Grundlage der Ausarbeitung ist die Fallanalyse des Materials auf der Basis der vollständigen Transkription der Tonbänder.

2.4 Die Gestaltung der Interviews in Anlehnung an das PZI

Im Folgenden wird die Vorgehensweise bei der Gestaltung der Interviews in Anlehnung an das PZI in den genauen Schritten, der Erstellung des Interviewleitfadens, der Auswahl der Interviewpartner und der Rahmenbedingungen beschrieben und erläutert.

2.4.1 Erstellung des Interviewleitfadens

Wie bereits erwähnt wurde (vgl. „Grundgedanken der vorliegenden Arbeit"), entstanden die Fragen, die sich später zum Kern des Interviewleitfadens herauskristallisierten, aus der unmittelbaren Beschäftigung der Autorin mit Malerei in Theorie und Praxis.

Die folgende Frage diente als Einstiegsfrage und bot gleichzeitig ausreichend Anregung zum weiteren Reflektieren der eigenen Arbeitsweise der befragten Künstler. Zudem sollte sie den jeweiligen Interviewpartner zum freien Erzählen animieren. Sie lautet wie folgt:

WIE ENTSTEHT BEI DIR EIN BILD?
Bitte erzähle über deine persönliche Arbeitsweise und wie du das Schaffen eines Bildes erlebst. Eventuell magst du anhand eines Beispiels diesen Vorgang genauer erläutern?

Anschließend galt es Näheres und Genaueres über weitere Aspekte künstlerischen Schaffens in Erfahrung zu bringen, und zwar mit Hilfe der folgenden Fragen des Interviewleitfadens:

1. *Gibt es deiner Meinung nach Aspekte, die für dein künstlerisches Schaffen besonders förderlich sind?*

2. *Gibt es deiner Meinung nach Aspekte, die für dein künstlerisches Schaffen besonders hinderlich bzw. hemmend sind? Gab es schon einmal Situationen, in denen du das Bedürfnis verspürt hast, dich kreativ auszudrücken und es gerade nicht möglich war? Wie ging es dir dabei? Was hast du dann getan?*

3. *Verfügst du über persönliche Methoden, Wege, Tricks, um dein künstlerisches Schaffen gezielt zu fördern? (z. B. Musik, Literatur, Drogen, körperliche Betätigung, Aufsuchen bestimmter Orte, Kontakt zu bestimmten Menschen, Sonstiges)*

4. *Welche Rolle spielt der Austausch mit anderen Menschen für dein künstlerisches Schaffen?*

5. *Welche Rolle spielt dein eigenes Befinden für dein künstlerisches Schaffen? Und umgekehrt – welche Rolle spielt das künstlerische Schaffen für dein Befinden?*

6. *Welche Rolle spielen in deinem Alltag starke bzw. unangenehme Gefühlsregungen für deine schöpferische Arbeit?*

7. *Haben deiner Ansicht nach künstlerische Mittel, wie z. B. Farbe, Linienführung, u.ä., für sich allein genommen einen Ausdrucksgehalt?*

8. *Welche persönlichen Ziele verbindest du mit deiner künstlerischen Arbeit?*

2.4.2 Zur Auswahl der Interviewpartner

Die Auswahl der Interviewpartner dieser Stichprobe ist als nicht repräsentativ für die Gruppe der Hamburger Kunstmaler zu betrachten.

Obwohl die Arbeit von Künstlern unterschiedlicher Herkunft ebenfalls im Fokus des Interesses der Autorin gelegen hätte, wurde im Rahmen dieser Studie bewusst auf die Möglichkeit einer internationalen Stichprobe verzichtet.

Es hätte zwar auf Grund der Mehrsprachigkeit und Herkunft der Autorin, nahe gelegen, ebenfalls Künstler anderer Herkunft im Rahmen dieser Studie zu berücksichtigen. Dies aber hätte gewiss einige Komplikationen mit sich gebracht. Zum einen wäre es sehr störend, ja unnatürlich gewesen, Gespräche in deutscher Sprache zu führen, obwohl beide Gesprächspartner in der spanischen Sprache ihre Muttersprache haben. Zum anderen wäre eine anschließende Übersetzung des Erzählmaterials vom Spanischen ins Deutsche zwar möglich gewesen, wäre aber gleichzeitig mit einem enormen Aufwand und einem erhöhten Risiko für die Reinheit des Materials, das z. B. durch eine nicht auszuschließende ungenaue Übersetzung verzerrt werden könnte, verbunden gewesen. Erwogen wurde auch die Möglichkeit, andere Künstler zu interviewen, die weder deutsch- noch spanischsprachig sein sollten, aber es stellte sich bereits bei der ersten, zunächst telefonischen Kontaktaufnahme heraus, dass in diesen Fällen die vorhandenen Sprachkenntnisse nicht differenziert genug waren, um präzise Auskunft über komplexe Prozesse der eigenen Arbeitsweise und des eigenen Innenerlebens geben zu können. Das heißt, es gibt auch interessante Künstlerpersönlichkeiten, die in Hamburg leben und weder Deutsch noch Spanisch als Muttersprache haben und aus den benannten Erwägungen nicht an dieser Studie teilgenommen haben. Auch bedeutet dies, dass kein Kontakt zu denjenigen hergestellt werden konnte, die gleichzeitig ausreichende Deutschkenntnisse gehabt hätten. In diesem Zusammenhang muss daran erinnert werden, dass die Arbeit mit visuellen und bildnerischen Medien, im Gegensatz zum Interview, sprachlich ungebunden ist.

Es ergab sich also für diese Studie eine Gruppe von Interviewpartnern, die allesamt die deutsche Sprache als Muttersprache haben bzw. in Deutschland geboren und/oder aufgewachsen sind. Es wurden insgesamt 9 Künstler interviewt. Bei den ersten beiden Interviews handelte es sich um Probe- bzw. Pilotinterviews, die der Überprüfung des Interviewleitfadens, sowie der Schulung der Interviewerin dienen sollten. Obwohl die Pilotinterviews zu wertvollen Einsichten im Rahmen dieser Untersuchung verholfen haben, wurden sie für die Auswertung der Ergebnisse nicht weiter berücksichtigt.

Ferner wurden bei der Auswahl der Interviewpartner folgende Kriterien berücksichtigt:

- Die Interviewpartner sollten im Bereich der Kunstmalerei beruflich tätig sein

- oder sich selbst als Maler bzw. Malerin definieren.

- Sie sollten das Erwachsenenalter erreicht haben und

- starkes Interesse an dem Thema dieser Arbeit zeigen

- sowie Lust haben, sich darüber mitzuteilen.

Als wünschenswert galt außerdem eine Stichprobe, bei der sich nach Möglichkeit sowohl Männer als auch Frauen unter den interviewten Künstlern befinden, was erreicht werden konnte. Die Stichprobe besteht aus drei Künstlerinnen und vier Künstlern und ist somit gut ausgewogen.

Das Alter der Interviewpartner entspricht dem mittleren Erwachsenenalter, das zwischen Mitte dreißig und Anfang fünfzig schwankt.

2.4.3 Die Kontaktaufnahme

Die Kontaktaufnahme zu den jeweiligen Künstlern gestaltete sich leichter als zunächst angenommen. Durch verbale Mitteilung über das Forschungsvorhaben in einem künstlerisch aktiven Bekanntenkreis entstanden rasch diverse Kontakte zu beruflich engagierten Malern und Malerinnen. Diese wiederum stellten bald neue Verbindungen zu Malerkollegen her, und so wurden, gewissermaßen nach dem Schneeballprinzip, die Kontakte vermittelt.

Zunächst wurden anhand eines kurzen telefonischen Vorgesprächs die Weichen für ein späteres persönliches Treffen gestellt. Im Verlauf des telefonischen Gesprächs wurde, zunächst nur in verkürzter Form, Auskunft über Zweck, Rahmen und Fragestellungen der Studie gegeben. Als nächstes wurde geprüft, ob seitens des potentiellen Interviewpartners Interesse an dem Thema bestand bzw. ob wirklich die Bereitschaft vorhanden war, sich in einem persönlichen Zweiergespräch zu einem späteren Zeitpunkt über persönliche Aspekte des eigenen künstlerischen Schaffens ausführlich mitzuteilen. War dies der Fall, so wurden dann weitere Angelegenheiten praktischer Natur (Termin, Adresse, Zeitrahmen, usw.) abgeklärt bzw. in gemeinsamer Absprache festgelegt. Die verschiedenen Treffen fanden immer zum vereinbarten Zeitpunkt bei den interviewten Personen zu Hause bzw. im Atelier statt. Mit Ausnahme Florians waren sich Künstler und Autorin bis zu dem Treffen nicht vorher begegnet.

2.4.4 Zu den Rahmenbedingungen

Die Interviews wurden daher stets in der gewohnten Atmosphäre der Künstler durchgeführt. Da bei qualitativen Interviews die Lebensnähe von entscheidender Bedeutung ist, sollten diese in der natürlichen Feldsituation (Lamnek, 1989) stattfinden, was in diesem Fall den Besuch im Atelier bedeutete. Alle Gespräche fanden in freundlicher Atmosphäre statt. Die Offenheit, mit der die Interviewerin von den zu befragenden Künstlern empfangen wurde, ohne dass sie diesen vorher bekannt gewesen wäre, ist angesichts der intimen und heiklen Situation des Interviews, als besonders angenehm und positiv überraschend zu betrachten.

2.5 Zur Dokumentation und Auswertung der Interviews

Die Untersuchung basiert ausschließlich auf Interviews und verzichtet auf die Analyse und Auswertung bildlichen Materials der Künstler. Dieses ist für das Verständnis der Arbeit nicht relevant. Des Weiteren wird durch diesen Verzicht die Anonymität der Interviewpartner gewahrt.

Die Interviews variieren hinsichtlich ihrer Länge zwischen 55 und 90 Minuten. Sie wurden von den Interviewpartnern als positiv und anregend im Sinne von introspektionsgenerierend erlebt.

Mit Hilfe eines Tonbandgerätes wurden alle Interviews aufgezeichnet und anschließend in ihrer Gesamtheit transkribiert. Diese Abschriften der Tonbänder sollten zu einem späteren Zeitpunkt als Grundlage für die Analyse des Materials dienen.

Anschließend wurden aus dem Tonbandmaterial Interviewprotokolle erstellt, die die gewonnen Daten in strukturierter und zusammengefasster Form darstellen sollen. Für die Erstellung der Interviewprotokolle wurde folgendermaßen vorgegangen:

Zunächst wurden alle Rohtranskripte sorgfältig durchgelesen, um einen Gesamteindruck des erhobenen Materials zu gewinnen.

In einem zweiten Schritt wurde jedes einzelne der vollständigen Interviewtranskripte auf unterschiedlich getöntes Papier gedruckt. Dabei wurde darauf geachtet, dass jeder Interviewpartner eine andere Farbe, "seine" Farbe, bekam. Diese Maßnahme sollte bei der späteren Vorgehensweise ermöglichen, das Material auf den ersten Blick der richtigen Person zuzuordnen.

In einem dritten Schritt wurden die einzelnen Interviewrohtranskripte sorgfältig gelesen und bearbeitet. Die Bearbeitung bestand darin, auskunftsreiche und interessante Textstellen bzw. Textstellen, die einen direkten Bezug zu den Fragestellungen des Interviewleitfadens hatten, zu markieren. Anschließend wurden weitere Textpassagen markiert, die zwar interessant schienen, da sie neue Aspekte der Thematik ansprachen, aber im Leitfaden nicht vorkamen. Ideen und Kommentare zu diesen Textstellen wurden bei Bedarf an der Seite in Form eines kurzen Satzes oder Stichworts geschrieben. Dies sollte jederzeit eine schnellere Einordnung der Textpassage möglich machen und sinngemäße Wiederholungen leichter sichtbar machen.

Nachdem dieser Schritt der sorgfältigen Textanalyse für jeden der Interviewtexte durchgeführt war, wurden die zuvor bearbeiteten Textstellen mit Hilfe einer Schere vom restlichen Textkörper getrennt, wodurch eine ganze Menge bunter Papierstreifen entstand.

Im nächsten Schritt wurden die einzelnen Papierstreifen hinsichtlich ihres Inhalts zunächst grob thematisch unterteilt, so dass einige Häufchen mit thematisch ähnlichen, quasi verwandten Papierstreifen entstanden. Diese "Cluster" im übertragenen Sinne wurden später in Klarsichthüllen gesammelt und die darin enthaltenen, zunächst nur vage umrissenen Themenkreise begannen allmählich sich herauszukristallisieren. Schließlich wurden die Hüllen mit einem passenden Namen, einer Art Titel versehen, in unsicheren Fällen mit einem oder mehreren Sätzen oder Stichworten.

Als Ergebnis dieses Vorgehens, bei dem es um die Eingrenzung von zunächst vagen Themenkreisen ging, kam es zu einer Kategorienbildung. Auf Grund der Reduktion und Neustrukturierung des Materials bildeten sich schließlich und auf fast natürliche Weise die Kategorien. Im Anschluss wurde mit Hilfe dieser, dem Material direkt entsprungenen, Kategorien eine Struktur gefunden. Bei der Anfertigung der Interviewprotokolle hat sich diese Struktur als sehr hilfreich und sinnvoll erwiesen. Zusammengefasst kann man sagen, dass aus den Klarsichthüllen, in denen das Material nach Themen sortiert wurde, "Kategorien" wurden.

Von Vorteil bei dieser zunächst etwas umständlich anmutenden Methode war, dass zwei Analyseschritte in einem vollzogen werden konnten, denn die Analyse der einzelnen Gespräche und die Analyse des gesamten Materials wurden gleichzeitig erledigt.

Als unmittelbares Ergebnis dieser analytischen Arbeit entstanden die aufs Wesentliche gerichteten Interviewprotokolle. Diese Protokolle wurden allesamt nach der gerade geschilderten, gemeinsamen Struktur geordnet. Diese Struktur ist im Gesamtkontext der Arbeit eingebettet und wird anhand der vorgefunden Kategorien begründet. Die Struktur der Protokolle beinhaltet die folgenden Punkte in der dargestellten Reihenfolge:

1) Einige Angaben zur Person: Es wird kurz auf beruflichen Hintergrund, Arbeitsstil und Lebensumstände des Künstlers sowie auf die besonderen Umstände des gemeinsamen Treffens eingegangen. Dieses Vorwissen soll den Leser auf den Menschen und seine Arbeitsweise vorbereiten und das Verständnis erleichtern.

2) Arbeitsphasen: Strukturierte Beschreibung der Arbeitsweise der Interviewten in vier Schritten anhand ihrer Erklärungen über die eigene Arbeitsweise und schöpferische Prozesse in Anlehnung an das Vier-Phasen-Modell von Wallas zum Schaffensprozess.

3) Einflussfaktoren künstlerischen Arbeitens: Es werden Faktoren genannt und erläutert, die von den Interviewten als eindeutig positiv, fördernd und als eindeutig hemmend bzw. hinderlich genannt wurden.

4) Rolle der eigenen Befindlichkeit für die künstlerische Arbeit: Aussagen der Interviewpartner über die Rolle ihrer eigenen Befindlichkeit für die künstlerische Arbeit werden erläutert.

5) Ansichten über den Ausdrucksgehalt künstlerischer Mittel: Ansichten der Künstler über den Ausdrucksgehalt diverser künstlerischer Mittel wie z. B. Farbe, Linie, Fläche u. ä. werden erläutert.

6) Ziele künstlerischen Arbeitens: Erläuterung der Aussagen der Künstler über die Ziele ihrer Arbeit.

"Jedes Gemälde hat seine eigene Entstehungsgeschichte ...
Wenn das Gemälde fertig ist, enthüllt sich der Mensch."
William Baziotes[1]

3. Die Datenauswertung

Es folgen Zusammenfassung[2] und Erörterung der einzelnen Gesprächsprotokolle. Insgesamt werden sieben Interviews dokumentiert. Um die Anonymität der Interviewpartner zu wahren, wurden die Namen durch Pseudonyme ersetzt.

Bevor wir aber mit den Interviewprotokollen fortfahren und um ein besseres Verständnis der darin gemachten Aussagen zu ermöglichen, sei an dieser Stelle eine Anmerkung hinzugefügt: Die von den Künstlern gemachten Äußerungen können gleichzeitig verschiedene Zeitebenen betreffen. Dies bedeutet, dass diese Aussagen sich einmal auf eine aktuelle Zeitebene beziehen können – d. h., auf den konkreten Zeitpunkt der Entstehung des kreativen Produkts mit all den Abläufen, die damit verbunden sind –, gleichzeitig aber wird ebenso eine gewissermaßen zeitlich übergeordnete Ebene angesprochen. Letztere bezieht sich auf längere Zeiträume – wie z. B. Ausbildung, langfristige Aspekte der eigenen künstlerischen Gesamtentwicklung oder des eigenen beruflichen Werdegangs u. ä.

Auch mögliche Schaffens- und Lebenskrisen können auf unterschiedlichen Ebenen eine Entsprechung haben, so könnten z. B. Inkubationsprozesse auf der "aktuellen" Schaffensebene – wie etwa während einer Malsitzung – ihren Ausdruck darin finden, dass es mit dem Bild "einfach nicht klappt". Auf einer "übergeordneten" Entwicklungsebene könnte es sein, dass der eigene berufliche Weg als Sackgasse, als irgendwie "falsch" oder "aussichtslos" empfunden und in Frage gestellt wird, usw. Dies gilt für andere Phasen und Lebenslagen ebenso und soll bei der Lektüre der Protokolle entsprechend berücksichtigt werden.

---

[1] Aus „Der Weg des Künstlers" (Cameron, 2000).
[2] Eine tabellarische Zusammenfassung der Ergebnisse dieses Kapitels befindet sich im Anhang. Siehe dazu Tabellen 1 – 7.

Ferner wird der Leser aufgefordert, kreative Schaffensprozesse bzw. die in den Interviewprotokollen gemachten Aussagen über schöpferische Prozesse als innerhalb des Kontextes einer bestimmten persönlichen Entwicklung bzw. Lebenszeit eingebettet zu betrachten. Wir sehen nur Teile eines Gesamtbildes und betrachten diese dabei einmal als eingegrenzten, reduzierten Bereich ganz aus der Nähe, und dann wieder schauen wir uns langfristige Aspekte des Schaffensprozesses aus einer gewissen Distanz an.

3.1 Protokoll des Interviews mit Anja

Der Kontakt zu Anja entstand über einen Interviewpartner, einen Freund und Kollegen Anjas, der mich weiterempfahl. Das Gespräch fand in ihrer Wohnung, in der sie ein Atelier eingerichtet hat, in persönlicher Atmosphäre statt. Sie wohnt zusammen mit ihrem Partner, der Fotograf ist und einer etwa vierjährigen Tochter. Schwerpunkt ihrer Arbeit ist das Portraitieren von Menschen. Zusätzlich schafft sie gerne Plastiken, meist aber Portraits. Sie ist als Dozentin an einer Hamburger Kunsthochschule tätig.

3.1.1 Arbeitsphasen

Anhand der Schilderungen Anjas über ihre Arbeit als Malerin, durchläuft ihre Arbeitsweise verschiedene, ineinander übergehende, sich überlagernde und einander durchdringende Phasen, die sich wie folgt näher beschreiben lassen:

Vorbereitungsphase

AUSBILDUNG: PRÄGUNG DURCH DAS STUDIUM
Anja erhält in Form eines Kunststudiums eine fundierte Kunstausbildung. Durch das Kunststudium und andere Aktivitäten, wie z. B. eine Hilfstätigkeit im Kunstmuseum, bekommt sie u. a. die Möglichkeit, wertvolle Erfahrungen zu sammeln, ihre Fähigkeiten auszuprobieren und zu entfalten, zu lernen. Insofern kann die Ausbildungszeit als übergeordnete Vorbereitungsphase in Bezug auf den gesamten Werdegang betrachtet werden.

> *"(...), habe zwischendurch parallel dazu im Museum für Kunst und Gewerbe gejobbt. Da war ich studentische Hilfskraft und das zog sich ein bisschen hin. Ich habe Ausstellungen mit aufgebaut und an Projekten mitgearbeitet. Das war ganz schön! Dann aber ging das relativ schnell, (...) dann kriegte ich für zwei Jahre ein Stipendium (...). Das war natürlich ganz toll zur freien Arbeit!"*

KONKRETER ANLASS – VISUELLE ANREGUNG
Anja erzählt im Zusammenhang mit ihrer Arbeitsweise, dass sie stets eine konkrete Idee, einen Anlass zu Beginn braucht. Sie findet die Idee, Bilder einfach entstehen zu lassen, zwar reizend, gibt aber an, den Mut noch nicht zu haben, so zu arbeiten. Sie braucht den Halt, den sie in einer konkreten Idee findet. Bevor sie zu arbeiten beginnt, sorgt sie für visuelles Material, das ihr als Anregung dient und ihrer Arbeit einen vorantreibenden Impuls gibt. Skizzen, Fotos, Stillleben u. ä. bieten ihr oft diesen "ersten Anlass".

> *"Also, es ist schon so, dass ich irgendeine Idee brauche. (...), ich male nicht abstrakt in dem Sinne (...). Das finde ich ganz spannend und sehr reizvoll, man hat ein Blatt, fängt an. Das ist etwas, was mir vielleicht noch fehlt, wo ich glaube, den Mut noch gar nicht habe, wo ich mich eher doch ganz stark an etwas festhalte. Ich habe eine Idee, ob nun ein Mensch, ein Stillleben, (...) oder irgendwas, was ich gesehen habe, was mich reizt. Ich brauche bisher noch immer einen Anlass, (...) ich mache keine tausend Vorskizzen, aber (...), dass ich mir so etwas überlege und das dann verfolge (...), aber es ist schon so, dass ich irgendeinen ersten Anlass habe oder brauche. (...) Entweder baue ich mir etwas auf, z. B. ein Stillleben, oder ich habe meinetwegen Skizzen oder ein Foto gemacht von (...) und danach mache ich dann etwas."*

Inkubationsphase

SCHAFFENSKRISE
Nach dem Studienabschluss in Kunst folgt bei Anja im Zuge ihres beruflichen Werdegangs eine zweijährige Schaffenskrise. Auf einer übergeordneten Ebene kann man diese Zeitspanne als eine Inkubationsphase in Bezug auf den Verlauf ihrer beruflichen Entwicklung betrachten. Sie berichtet davon, von großen Zweifeln geplagt gewesen zu sein. Es war eine Zeit des Konflikts, in der sie es sich selbst kaum erlauben konnte, nach ihren eigenen künstlerischen Neigungen zu arbeiten, da diese ihr nicht zeitgemäß erschienen. Gleichzeitig erkennt sie, dass sie wenig Bezug zu moderneren bzw. "gefragteren" Kunstformen hat. Die Kluft zwischen ihren eigenen Wünschen und den vermeintlichen Anforderungen ihrer Domäne belastet sie. Sie wird kopflastig, kann kaum etwas schaffen, fühlt sich wie gelähmt. Es stellt sich für sie die grundlegende Frage nach der eigenen künstlerischen Position.

> *"(...) es gab eine Zeit, da war ich bestimmt zwei Jahre wie gelähmt vor "ich kann nichts machen", weil zu viel im Kopf abging. Was kann man machen? Was ist Kunst? Modern? Kann man das heutzutage, Portraits? Kann man doch überhaupt nicht machen! "Man muss" abstrakte Fotoinstallationen machen, (...) und das ist*

doch völlig altmodisch, aber mich zieht es dahin, aber das kann man nicht, so in der Art, ja und dass ich da auch wie gelähmt war (...)."

AUSPROBIEREN VON LÖSUNGEN, DIE SICH IM NACHHINEIN ALS "SCHLECHT" ERWEISEN – ENTSTEHEN VIELER SCHICHTEN

Auch auf der konkreten Handlungsebene des Malens eines Bildes kommt es bei Anja während des Arbeitsprozesses zu einem Stadium, das man als Inkubationsphase betrachten kann. Sie ist dann mit der intensiven Suche nach einer befriedigenden Lösung beschäftigt. Während dieser Arbeitsphase nimmt sie ständig Veränderungen am Bild vor. Sie probiert viele Alternativen aus und zwar so lange, bis sie mit dem Ergebnis zufrieden ist. Dabei entstehen sehr viele Schichten. Während des Arbeitens führt sie manchmal Selbstgespräche und nimmt eine Stimme wahr, die ihre Handlungen kommentiert. Sie betont, dass es sich bei diesem Ausprobieren und Abwägen keineswegs um eine "Kopfgeschichte" handelt.

"Das ist natürlich der erste Anlass, aber das [das Bild] ändert sich dann und die Farben entstehen, ehrlich gesagt, nach meinem Schönheitsempfinden. (...), ich probiere viel aus. Ich probiere so lange aus, bis es mir gefällt und deshalb entstehen auch wieder neue Schichten. (...), bei dem (Bild) kann man sehen, dass ich es erst in Rot machen wollte, gefiel mir überhaupt nicht, dann habe ich das violett gemacht. (...) dann probiere ich eine neue (Farbe) aus und irgendwann denke ich, gefällt mir nicht. Da muss noch etwas anderes passieren! (...), das ist keine Kopfgeschichte. (...), natürlich rede ich dann vielleicht mit mir selbst und sage: "Nee, das ist zu banal oder so", aber was es dann für eine Farbe ist, die kommt einfach. Die kommt einfach so, dass ich im Kopf eine Stimme höre, die sagt: "Violett jetzt (...)".

Dieses intensive Ausprobieren führt natürlicherweise nur in seltenen Fällen unmittelbar zu optimalen Lösungen. Vielmehr geschieht es, dass auch "schlechte" Lösungen ausprobiert werden, bevor es "stimmt". Es wird viel mit Farbe und Material experimentiert. Dabei entstehen viele Farbschichten. In manchen Fällen führt dies an die Grenzen von Materialien und Technik. In dem folgenden Beispiel, berichtet sie von einer Situation, in der durch wiederholtes Ausprobieren und zu viele Korrekturen so viele Schichten entstanden, dass die Farbe sich nicht mehr verarbeiten ließ und sie alles abkratzen musste.

"Das Malen passiert in Schichten und es kann auch sein, jetzt wie bei Marcs Bild [das Portrait eines Freundes, das sie gemacht hat], das ist jetzt ein uraltes Beispiel, aber da hatte ich auch ziemlich viele Schichten und ich kriegte und kriegte und kriegte keine Farbe und es wurde immer dicker, dicker, dicker und dann, so ein shit! Und ich habe dann angefangen alles wegzukratzen (...)."

Illuminationsphase

UNGEAHNTES ENTSTEHT
Den Malprozess empfindet Anja als unberechenbar. Aus Missgeschicken und während sie diverse Lösungen ausprobiert, entstehen plötzlich ungeahnte und befriedigende Lösungen. Diese Unberechenbarkeit der Ergebnisse ihrer Arbeit beschreibt sie als von ihrer eigenen Verfassung unabhängig. Sie kennt keine Regeln dafür, wann die Arbeit gelingen wird oder nicht.

"(...) oder wie gesagt, aus rein technischen Gründen, (...), dass ich merke, ich kann nicht weiterarbeiten, weil es zu feucht ist und dass ich einfach wegkratze und dann vielleicht mal darüber male, und dann plötzlich entsteht eine Farbe, die ungeahnt ist (...)! Eigentlich ist es unberechenbar. (...), manchmal denkt man, man ist in so einer guten Verfassung und malt und es gelingt aber überhaupt nicht! Und manchmal denkt man: "Ach, ich habe keine Lust, aber müsste ja was machen" und plötzlich wird es gut oder umgekehrt! (...) es gibt keine Regel, wann etwas gelingt oder nicht. Das habe ich für mich noch nicht herausgefunden. Ich empfinde es als unberechenbar."

Verifikationsphase

ABSTAND GEWINNEN
Während dieser Abschlussphase ist es für Anja sehr wichtig, einen Abstand zu ihrer eigenen Arbeit zu gewinnen und selbst eine Antwort auf die Frage zu finden, ob die Arbeit "was geworden" ist. Diese abschließende Bewertung möchte sie möglichst frei und unabhängig von Zeitströmungen, Moden und anderen äußeren Wertmaßstäben treffen können. Gleichzeitig weiß sie aus Erfahrung, dass die Zeit ästhetische Wertmaßstäbe vollkommen relativieren kann. Sie findet es insofern sehr schwer, auf die Frage, welchen Wert man einer Arbeit gibt, eine passende Antwort zu finden.

"(...) diesen Abstand da wiederum dazu zu gewinnen und zu sagen, wann ist es denn überhaupt was geworden, was ich gemacht habe? Manchmal ist man so, dass man vor sich hin gemalt hat und denkt: "Ach, super! Das ist ja schön geworden (...)." Und dann bin ich manchmal Jahre später plötzlich erschüttert, über die Selbstgefälligkeit. Plötzlich merke ich dann, so toll war es doch irgendwie nicht, und das ist immer ganz schwer zu sagen: Was lässt man gelten? Welchen Wert gibt man einer Sache?"

3.1.2 Zu den Einflussfaktoren künstlerischen Arbeitens

Es folgt eine Darstellung der Aspekte, die Anjas Meinung nach ihre kreative Arbeit beeinflussen. Es erschien sinnvoll, eine Unterteilung in förderliche und hemmende Einflussfaktoren vorzunehmen.
Fördernde Faktoren

FRÜHE ERFAHRUNGEN IN DER DOMÄNE – FÖRDERUNG VON AUßEN
Durch frühe und positive Erfahrungen in ihrer Domäne, einmal im Rahmen ihrer Ausbildung und dann durch ihre Tätigkeit als Hilfskraft im Kunstmuseum, hat Anja Gelegenheit, Erfahrungswerte zu sammeln und wichtige Kontakte zu knüpfen. In diesem Zusammenhang erhält sie auch ein zweijähriges Stipendium. Dies kann man als förderlichen Rahmen betrachten. Sie profitiert davon in einem Maße, das sich langfristig auf ihren beruflichen Weg auswirkt.

> *"(...), habe zwischendurch parallel dazu im Museum für Kunst und Gewerbe gejobbt. Da war ich studentische Hilfskraft, und das zog sich ein bisschen hin. Ich habe Ausstellungen mitaufgebaut und an Projekten mitgearbeitet. Das war ganz schön! Dann aber ging das relativ schnell, (...) dann kriegte ich für zwei Jahre ein Stipendium (...). Das war natürlich ganz toll zur freien Arbeit!"*

BEREITSCHAFT UND LUST
Anjas Entscheidung, Portraitmalerin zu werden, wird getragen von innerer Bereitschaft bzw. Lust auf diese spezielle Form der Malerei. Diese starken Kräfte wirken sich insgesamt förderlich auf ihre Arbeit aus. Man könnte sie auch als günstige Grundvoraussetzungen für jedes Unternehmen bzw. jede Arbeitsform betrachten.

> *"(...) und da war irgendwann die Schule zu Ende und dann habe ich überlegt: "Was mache ich jetzt?" Und dann hatte ich irgendwie Lust Portraits zu machen und habe den ersten Auftrag entgegengenommen (...) irgendwie habe ich dann gesagt: "So, ich bin jetzt soweit" und so fing das an."*

UNABHÄNGIGKEIT VON AUßENBEWERTUNG – BEWERTUNGSFREIHEIT
Am besten arbeitet Anja, in einem Klima der Bewertungsfreiheit. Je mehr sie sich von ihrem Auftraggeber beobachtet bzw. kontrolliert fühlt, um so schwerer fällt ihr das Arbeiten, bis hin zu der Unmöglichkeit einen Auftrag auszuführen. Aus diesem Grund findet sie die Entwicklung von Qualitäten wie Unabhängigkeit und innere Abgrenzung gegenüber Außenbewertung für ihre Arbeit von entscheidender Bedeutung. Bei Auftraggebern, die in

der Lage sind, ihr einen bewertungsfreien Raum zuzugestehen, macht ihr die Arbeit am meisten Spaß.

"Man muss es irgendwie schaffen, dass ein Urteil durch einen durch geht. (...) bei ihr [eine Frau, die sie zur Zeit malt, sie zeigt auf das Bild] ist es herrlich, (...) die zu malen macht total Spaß! Sie guckt es sich an, sagt aber gar nichts dazu und guckt auch nicht jedes Mal drauf, wenn sie hier ist, aber entspannt, also jetzt nicht, ich gucke lieber nicht oder so (...) manchmal guckt sie und sagt: "Es ist ja ganz schön weit" und aber bewertet es nicht."

Abgrenzung gegenüber äußeren Wertmaßstäben findet Anja nicht nur im Zusammenhang mit konkreten Auftraggebern wichtig, sondern auch in Bezug auf die Anforderungen und Trends ihrer Domäne. Sie will sich davon frei machen, unter dem Druck zu stehen, was gefragt ist und lieber Dinge tun, die ihrem Wesen entsprechen, die aus ihr herauskommen, die sie erfüllen.

"Ich muss mich von diesem Modernen oder vom Kunstbegriff heute lösen, (...) es geht für mich nur darum, dass ich ein erfülltes Wesen bin, dass ich etwas mache, das wirklich nur aus mir herauskommt und ich mein eigener Wertmaßstab bin. (...) ich finde das nur bremsend, diesen Vergleich, was darf ich nicht, was ist zur Zeit angesagt, (...), darum muss man sich davon frei machen, es tötet die Kreativität, (...). Man muss wirklich in sein Atelier gehen und sagen: Ich mache etwas, was aus mir herauskommt und was ich möchte. Es kann einfach nicht jedem gefallen was man macht, und rein logisch geht es gar nicht, und man weiß es ja selbst auch, dass man sich zu bestimmten Sachen hingezogen fühlt und zu anderen nicht und dass man einfach von dieser Wertung wegkommt."

SELBSTBESTIMMUNG UND LEICHTIGKEIT

Bei einem potentiellen Auftraggeber versucht sie in einem Vorgespräch herauszufinden, wie der Auftrag genau lautet. Wenn dieser die Bedingungen nicht erfüllt, die sie braucht, um zu arbeiten, d. h., ein gewisses Maß an Selbstbestimmung, an künstlerischer Freiheit einräumt, sieht sie davon ab, den Auftrag anzunehmen. Im Gegensatz zu früher, wo sie sich mit ungeeigneten Aufträgen quälte und es dann "katastrophal" wurde oder einfach keinen Spaß machte, haben heute Selbstbestimmung und Leichtigkeit in ihrer Arbeit einen hohen Stellenwert.

"Ich bin mittlerweile so, neulich kam eine Frau, (...) und ich habe schon während des Gesprächs ziemlich schnell gemerkt, dass wir nicht zusammenkommen (...) wollte sie im Vorfeld schon sagen, welche Farben das werden und das geht natürlich überhaupt alles gar nicht! (...) Früher hätte ich mich dadurch gequält, das mache ich aber nicht mehr! Nach dem Motto, wenn jemand kommt, muss ich es auch

machen, aber das mache ich nicht mehr (...), dann entsteht so ein Krampf, und dann macht das überhaupt keinen Spaß, oder es ist katastrophal!"

GELINGEN DER ARBEIT UND ERFÜLLUNG – DAS GEFÜHL DER EIGENEN PRODUKTIVITÄT
Das Gelingen einer Arbeit sowie das Gefühl der Erfüllung, das sich dann einstellt, sind Aspekte, die Anja als fördernd empfindet. Insbesondere das Gefühl, selbst etwas geschaffen zu haben, bezeichnet sie als das, was ihr den Antrieb für ihre Arbeit gibt.

"Wenn man das Gefühl hat, es ist etwas gelungen, dann ist es auch in dem Moment so, dass man irgendwie so erfüllt ist (...), das ist, glaube ich, überhaupt der Antrieb, (...) das Gefühl etwas geschaffen, erschaffen, geschaffen zu haben, irgendwie ja, so ein Ei gelegt zu haben. Das ist eigentlich das, was erfüllend ist an der Arbeit und was den Antrieb gibt."

DISZIPLIN UND FLEIß – HERSTELLEN UND WAHREN EINES ÄUßEREN RAHMENS
Anja betont die wichtige Rolle, die Disziplin und Fleiß für ihre Arbeit spielen, entgegen den allgemeinen Vorstellungen über die Arbeit als Künstler oder Künstlerin. Das Herstellen und Wahren eines äußeren Rahmens findet sie für ihre Arbeit förderlich und von herausragender Bedeutung. Innerhalb dieses äußeren Rahmens kann und soll auch die Auseinandersetzung mit der Arbeit stattfinden, die auch emotional sein kann.

"(...) ich glaube, (...) in 90 Prozent oder mehr der Fälle ist die künstlerische Arbeit wirklich ganz stark erst mal eine Disziplin. Zu sagen: "So (...) jetzt muss ich mich ransetzen", dass man irgendwie versucht, den äußeren Rahmen herzustellen und dass das, was emotional passiert, innerhalb dieses Rahmens entsteht. Dieses, ich muss mich jetzt in Rage bringen und dann fange ich an und zack-zack, ich weiß nicht. Das gibt es bestimmt, aber ich glaube nicht bei den meisten. (...), die Begabung ist die Eins und der Fleiß sind die Nullen, (...) es geht ganz viel um Fleiß und Disziplin. (...), dass man das durchhält, (...), man muss sich selbst aufraffen. Es gibt keinen Menschen, der Dir sagt, was Du zu tun hast, es sei denn, Du hast einen Auftrag, und es gibt so einen äußeren Rahmen, aber an sich musst Du Dir den selber schaffen."

ZERSTÖRUNG UND SCHEITERN WAGEN – BEGRENZUNG EIGENER ANSPRÜCHE UND SELBSTKRITIK
Für Anja ist das Begrenzen eigener Ansprüche und Selbstkritik sehr wichtig. Erst dadurch wird kreative Arbeit für sie möglich. Sie erklärt, dass es für sie "erlaubt" sein muss, Wagnisse einzugehen, etwas zu zerstören und wiederaufzubauen. Sie berichtet von Fällen, in denen talentierte Kollegen durch zu hohe Ansprüche und Erfolgsdruck auf der Strecke blieben. Durch das Reduzieren von Selbstkritik, wird eine Basis geschaffen, die stabil ge-

nug ist, um "schlechte" Arbeiten "auszuhalten". Diese sind für die Weiterentwicklung auch notwendig.

> *"(...) das habe ich schon erlebt, Leute die an ihrem inneren Kritiker gescheitert sind, die einen wahnsinnshohen Anspruch haben und dem aber nie gerecht werden, weil die da oben anfangen wollen. Man muss aber durch dieses andere durchgehen. (...) von Oscar Wilde war das glaube ich, dieses Zitat, was ich traumhaft finde: "Künstler zu sein, heißt in einem Maße zu scheitern, wie es sonst kein anderer wagt", also dieses Wagnis einzugehen auch zu scheitern, etwas zu machen was nicht gut wird, dieses Wagnis einzugehen und dann weiterzumachen, einfach da mal vom Weg auch wieder etwas zu zerstören (...), dieses Wagnis, auch mal etwas zu zerstören, wobei das nicht auf Bildern herumhämmern sein muss, sondern das auf einer viel feineren Ebene stattfindet, etwas zerstören und wieder neu aufbauen."*

Abwechslung und Spannung

Für ihre Arbeit findet sie Abwechslung und Spannung förderlich. Sie versucht durch etwas Neues, wie z. B. durch eine andere Technik, die Spannung aufrechtzuerhalten.

> *"Für mich muss dann was Neues anbrechen, irgendwie, egal, was auch immer es ist, ob ich dann sage: "Schluss, jetzt male ich wieder oder Schluss, jetzt wird wieder was Plastisches gemacht oder (...)", einfach, um es wieder zu brechen, irgendwie Spannung reinzubringen für einen selbst auch und dadurch entsteht auch etwas Neues (...) da muss immer wieder eine Abwechslung passieren oder irgend etwas, sonst schlafe ich ein, und das kann ich überhaupt nicht (...), aber das ist Typsache."*

Suche

Für Anja ist die Erkenntnis, "noch nicht angekommen" zu sein, eine wichtige treibende Kraft ihrer künstlerischen Arbeit. Diese Suche bezeichnet sie als ihren Motor.

> *" (...) dass man merkt, ich bin noch nicht angekommen. Vielleicht kommt man nie an, ich weiß es nicht, aber ich merke immer, ich bin noch nicht angekommen, und das ist auch dieser Motor, ist immer so dieses Ding: "Ach, ich bin kurz davor, irgendwie, da muss noch was kommen!" Diese Suche nach dem, was da noch kommt, das treibt einen weiter."*

Hemmende Faktoren

Absorbierende, kraftraubende Nebentätigkeiten

FAMILIÄRE VERPFLICHTUNGEN

Anja ist zum Zeitpunkt unseres Gesprächs intensiv mit der Pflege ihrer kleinen Tochter beschäftigt. Dies nimmt viel von ihrer Zeit und Kraft in Anspruch. Für ihre künstlerische Arbeit bleibt oft wenig übrig. Konzentriertes Arbeiten und Kontinuität sind nur schwer möglich. Manchmal verlegt sie ihre Arbeit auf die Abendstunden, aber sie ist dann oft schon sehr müde und kann höchstens etwas vorbereiten. Die Arbeitsbedingungen sind nicht mehr so gut.

"Ich versuche jeden Tag zu arbeiten, kriege es aber meist nicht hin, wegen meiner Tochter (...), dass ich wirklich konzentriert arbeite, schaffe ich leider nicht (...). Sie ist so klein, es ist relativ schwer, das unter einen Hut zu bringen, (...), irgendwie muss ich gestehen, komme ich da nicht zu, von meiner Konzentration her, (...). Während sie dabei ist, kann ich nicht arbeiten, ich kann Handgriffe machen, aber nicht wirklich konzentriert arbeiten, das geht gar nicht (...). Manchmal arbeite ich abends, aber meist bin ich nicht mehr so fit. Licht ist nicht so toll, man soll [das] Kind ins Bett [bringen] und irgendwann so: "Uf, kann nicht mehr!" Ich kann Sachen vorbereiten, (...), rein handwerkliche Tätigkeiten, aber nicht konzentriert arbeiten."

NEBENBERUFLICHE VERPFLICHTUNGEN

Neben ihrer selbständigen Arbeit, unterrichtet Anja an einer Hamburger Kunsthochschule. Diese Arbeit findet sie zwar interessant, aber gleichzeitig auch sehr anstrengend. In ihrer dortigen Rolle als Hochschullehrerin muss sie immer etwas zu den einzelnen Arbeiten sagen. Vor allem findet sie diese Arbeiten zu bewerten "wahnsinnig schwer". Vom Arbeitsaufwand her findet sie den Lehrauftrag "gerade noch zu verkraften". Nach der Arbeit an der Hochschule ist sie meist sehr erschöpft, "fertig", sagt sie. Anja empfindet ihre parallele Beschäftigung zwar noch als Bereicherung, dennoch ist für sie der Schritt zur Überforderung nicht mehr weit und die Übergänge fließend.

"(...) jetzt arbeite ich parallel einmal die Woche an der Fachhochschule, (...) das ist auf jeden Fall auch spannend (...). Das ist nur einmal die Woche, das geht gerade noch zu verkraften. Kostet viel Kraft, das merke ich schon. (...), was extrem schwer ist, ist dieses "Bewerten" in Anführungsstrichen (...) manchmal steht man davor und denkt: "Mir fällt nichts ein!". (...) Es ist echt schwer, dann trotzdem was dazu zu sagen, wahnsinnig schwer! (...), manchmal gibt es auch nichts zu sagen. Man kann nicht sagen schlecht oder gut, es ist einfach so. (...). Das ist irre anstrengend.

Ich bin jedes Mal fertig, fertig! Wirklich, das glaubt einem kein Mensch (...), es ist unglaublich anstrengend."

Sozialer Druck und Bewertung von außen

ANPASSUNGSDRUCK DURCH VERGLEICH UND NORMEN INNERHALB DER DOMÄNE

Den starken Anpassungsdruck, sich an dem zu orientieren, was gerade "angesagt" ist, findet Anja für ihre Arbeit sehr hinderlich. Da diese "Trends" meist kurzlebig sind, orientiert sie sich lieber an dem, was sie gerne möchte.

"(...) ich finde das nur bremsend, diesen Vergleich, was darf ich, was darf ich nicht, was ist zur Zeit angesagt. (...), es tötet die Kreativität (...). Man muss wirklich in sein Atelier gehen und sagen, ich mache etwas, was aus mir herauskommt und was ich möchte. (...) dass man da einfach von dieser Wertung wegkommt (...), es gab nämlich auch eine Zeit, da war ich bestimmt zwei Jahre wie gelähmt vor "ich kann nichts machen", weil zu viel im Kopf abging: "Was kann man machen? Was ist Kunst? Modern? Kann man das heutzutage, Portraits? Kann man doch überhaupt nicht machen! Man muss abstrakte Fotoinstallationen machen, (...), und das ist doch völlig altmodisch, aber mich zieht es dahin, aber das kann man nicht (...)."

DRUCK DURCH DIE SOZIALE SITUATION DES PORTRAITMALENS: RIESENERWARTUNGEN WAHRNEHMEN

Das Portraitieren beschreibt Anja als eine soziale Situation. Sie ist dabei nie allein. Meist ist der zu portraitierende Mensch zunächst unbekannt. Über Wochen und Monate hinweg verbringt sie mit diesem Menschen viele Stunden in Stille, zu zweit. Das macht das Portraitmalen intim und heikel. Es ist für Anja ein Balanceakt, sich einerseits für die Person, die sie malen will, zu öffnen und andererseits sich gegenüber derselben Person abzugrenzen und beides erscheint ihr notwendig. Dieses "Paradoxon" zu erfüllen ist ein fester Bestandteil ihrer Arbeitsbedingungen, was die Portraitmalerei in ihren Augen so speziell, aber auch anstrengend macht. Besonders schwierig findet sie den Umgang mit "Riesenerwartungen". Wenn sie dies während der Arbeit registriert, bekommt sie "einen Krampf", und es kann vorkommen, dass "gar nichts mehr geht".

"(...) wenn ich Portraits male ist es anstrengender, als wenn ich Stilleben male oder irgendwelche anderen Themen, weil das immer der Moment ist, wo da jemand sitzt, der portraitiert wird, und es ganz schwer ist, sich einerseits für die Person zu öffnen und gleichzeitig aber auch wieder "zu" zu sein, dass nicht deren Einfluss, wie sie sich selbst gern hätten, da rein kommt. Das ist vielleicht das, was es so anstrengend macht, (...), aber auch wenn ich Portraits male, die ich so für mich male,

trotzdem, ich bin nicht alleine! Das ist der große Unterschied. Ich bin nicht alleine. Es ist jemand da, und man kann sich drehen und wenden wie man will, die Person ist natürlich voller Erwartung! Die sehe ich auch, (...), und dadurch ist natürlich das Portraitmalen sehr viel anstrengender als andere Formen der Malerei, (...), weil da immer diese Geschichte zwischen zwei Menschen kommt, die da abgeht."

FREMDBESTIMMUNG – MANGEL AN KÜNSTLERISCHER FREIHEIT UND WERTSCHÄTZUNG
Anja empfindet ein Arbeitsklima, in dem ein Dritter, in ihrem Fall der Auftraggeber, bereits vor Beginn der Arbeit eine ganz genaue Vorstellung davon hat, wie diese am Ende auszusehen hat, als sehr hinderlich für den Arbeitsprozess. Sie hat in dem Zusammenhang manch bittere Enttäuschung erlebt. Einige Kunden haben wenig Wertschätzung für die tatsächlich geleistete Arbeit übrig, wenn diese von ihren Vorstellungen abweicht. Es ist auch vorgekommen, dass jemand alles umgeändert haben wollte, was für sie schmerzvoll war. Aus dem Grund zweifelte sie damals sogar an ihrer Entscheidung, Portraitmalerin zu werden.

"(...), wollte sie im Vorfeld schon sagen, welche Farben das werden, und das geht natürlich überhaupt alles gar nicht! (...), es ging dann auch um ihre Wand im Wohnzimmer und dass es dann auch passt! Sofa wird noch blau bezogen! Also, das geht nicht! (...). Teilweise habe ich schreckliche Sachen schon erlebt, dass Leute dann kamen und noch die Nase kürzer, die Taille dünner und den Busen kleiner (...). Echt grausam ist das! Und wenn man das schon merkt, auch während des Malens, dann entsteht ein Krampf, und dann macht das überhaupt keinen Spaß, oder es ist katastrophal. (...) So oft lässt man sich nicht malen im Leben, und dann ist eine Riesenerwartung da. (...) Das echt schwierig, und Auftragsgeschichten sind immer so, dass derjenige, der den Auftrag gibt, schon ein Bild von der Sache vorher hat oder oft, und das geht ja gar nicht, (...), deshalb war es eine Zeit lang so, dass ich gesagt habe, ich will keine Portraits mehr malen, so Auftragsgeschichten, weil mich das zu sehr stresst. Einerseits diese Öffnung, dieser intime Moment, die Person sitzt mir gegenüber, und ich öffne mich ganz, um sie zu spüren, um zu sehen, und merke gleichzeitig, wenn ich mich öffnen soll, komme ich auch wieder in Teufels Küche, weil ich natürlich gleichzeitig die Erwartungen spüre, die da an mich (gestellt) sind, und die will ich aber gar nicht spüren, weil dann kann ich gar nicht mehr malen, ja und das ist das, was es wahnsinnig anstrengend macht."

WIEDERHOLUNG, WENIG ABWECHSLUNG
Anja empfindet Wiederholung als einschläfernd. Sie versucht für Abwechslung zu sorgen und Spannung reinzubringen. Gleichzeitig erkennt sie, dass man bestimmte Eigenschaften nicht beliebig ändern kann, wie die eigene Handschrift. Ob man aus der Wiederholung etwas schöpfen kann, das findet sie, ist Typsache.

"(...) manche Sachen kann man eh nicht ändern, wie seine Handschrift (...), aber wenn man plötzlich merkt, ich wiederhole (...), das kam ganz gut an für mich oder andere (...), aber eigentlich wiederhole ich mich gerade (...), das ist vielleicht der Unterschied, wenn jemand meinetwegen Töpfer ist und dem es nichts ausmacht, (...), die dreihundertste Schale in der Art zu machen. Da würde ich wahnsinnig werden! (...). Es gibt vielleicht Leute, die gerade in dieser Wiederholung, siehe Morandi, (...), der hat ich weiß nicht wie lange, seine drei Vasen da gemalt, traumhaft! Vielleicht kommt man dann auch dahin, (...) dass das vielleicht auch reicht. Aber das ist Typsache."

NEGATIVE SELBSTBEWERTUNG DER EIGENEN ARBEIT

Obwohl Anja bereits während ihrer Ausbildung, einen eigenen Stil findet, erkennt sie dies erst Jahre später an. Lange Zeit tut sie ihre Begabung als Bastelei, als Spielkram ab.

"(...), dass ich es relativ früh gefunden habe, aber mich dann wieder, das wieder in Frage gestellt habe (...), das in Zweifel gezogen habe. (...) ja vielleicht, was ich gedacht habe, war: "Das ist ja nur eine Bastelei". Das habe ich wahrscheinlich gedacht, dass es eher so ein Spielkram, nichts Ernstzunehmendes ist."

3.1.3 Zur Rolle des sozialen Austauschs für den Schaffensprozess

MIT BERUFSKOLLEGEN: INSPIRATION UND ANREGUNG

Austausch mit Berufskollegen findet Anja inspirierend. Ihr liegt viel daran, regelmäßigen Kontakt zu Gleichgesinnten zu pflegen. Sie findet darin eine Art spirituelle Unterstützung, zu wissen, was die anderen gerade tun. Einen Partner zu haben, der auch in einem kreativen Beruf tätig ist, ist für sie hilfreich.

"Das inspiriert mich immer total. Das ist oft so, wenn ich gerade was tun müsste, aber nicht in der Stimmung bin, da hilft entweder (...) oder jemanden besuchen und gucken, was der gerade gemacht hat. Ich bin immer voller Inspiration, wenn ich zurückkomme. Das erlebe ich eigentlich immer, und das ist gar nicht so, dass man es dann so macht wie der, sondern einfach die Kreativität, die spürt man dann. Ob es etwas ist, was einem gefällt oder nicht, ist völlig wurscht, es ist einfach inspirierend, total. Ich liebe das sehr, diesen Austausch (...), zu beobachten wie andere 'rangehen. Ich habe eine Frau kennen gelernt, die auch Portraits malt. Wir besuchen uns und gucken, was die andere so macht. Das ist sehr schön, sehr anregend. (...), so wie Du im Kopf weißt: "Die arbeitet daran oder der Freund macht gerade das", dass man spirituell oder irgendwie so zusammenhängt. (...) Er [Anjas Partner] ist Fotograf, das ist auf jeden Fall hilfreich."

MIT KUNDEN: SCHWIERIG

Sich mit Kunden über die Arbeit auszutauschen, findet Anja sehr schwierig. Sie hat oft die Erfahrung gemacht, dass Leute ihre Bilder sehr "treffend" finden und ganz begeistert davon sind, wenn es jemand anderes ist, den sie kennen, aber nicht später, wenn sie es selber sind.

"Das ist irre schwierig. Das ist ganz schwierig, (...), ich überlege, (...), ob man es vielleicht so macht, dass man sagt: "Erst am Ende gucken", aber andererseits, dieses (...) "ganz zum Schluss ist die Eröffnung" oder was weiß ich, das kann auch katastrophal enden. Witzigerweise, so oft Leute ein Portrait von jemandem sehen, den sie auch kennen, sagen sie: "Oh, toll! Will ich auch so! Passt." Wenn ich dann aber sie mache, ist es natürlich immer etwas anderes und das ist natürlich auch logisch, weil es immer nur Aspekt und ein Moment ist und man selber hat ein so viel größeres Spektrum an, wie man sich sieht und dann wieder das Thema mit dem Spiegel und wie man sich gerne hätte usw. und natürlich die Abstraktion auf ein Bild (...)."

3.1.4 Zur Rolle der eigenen Befindlichkeit für die kreative Arbeit

WECHSELWIRKUNG ZWISCHEN ERGEBNIS DER ARBEIT UND STIMMUNG

Anja berichtet darüber, dass ihre Stimmung vom Ergebnis ihrer Arbeit stark abhängt. Bei Misslingen der Arbeit oder, wenn sie aus irgendwelchen Gründen nicht weiterkommt, bekommt sie immer schlechte Laune. Gelingt die Arbeit dagegen, stellt sich ein Gefühl der Produktivität ein, das erfüllend ist und sie antreibt.

"Wenn etwas nicht gelingt oder ich einfach nicht weiß, wo ich weiter mache, also wenn ich an etwas male, es noch nicht fertig ist und auch nicht weiß wie es weiter gehen soll, kriege ich dann schlechte Laune (...) und umgekehrt. Wenn man das Gefühl hat, es ist etwas gelungen, dann ist es auch in dem Moment so, dass man irgendwie so erfüllt ist (...), das Gefühl hat, etwas erschaffen, geschaffen zu haben, ja so ein Ei gelegt zu haben. Das ist eigentlich das, was erfüllend ist an der Arbeit und was den Antrieb gibt."

VERÄNDERTER BEWUSSTSEINSZUSTAND - MEDITATIVER ZUSTAND

Das künstlerische Arbeiten ruft bei Anja einen veränderten Bewusstseinszustand hervor, den sie mit Meditation oder Tiefenentspannung vergleicht.

"Es ist schon so, dass ich, wenn ich etwas mache, vor allem, wenn ich die plastischen Sachen mache, dass ich in so einen meditativen, ruhigen Zustand komme."

BEI STARKEN NEGATIVEN GEFÜHLEN BEWEGUNGSDRANG UND BEDÜRFNIS AUFZURÄUMEN

Bei negativen Gefühlen braucht Anja viel Bewegung. Sie geht in solchen Situationen meist nicht an die Leinwand, um etwas "herauszubringen". Eher durch aufräumen bekommt sie ein Gefühl der Klarheit wieder zurück. In manchen Fällen geht sie ins Atelier, nicht um "direkt etwas zu machen", sondern eher um Dinge vorzubereiten, ein bisschen "herumzupusseln".

"(...), dass, wenn ich starke Gefühle habe, (...), ich noch mehr Bewegung brauche. Wenn ich in die eine oder andere Richtung starke Gefühlsregungen habe, dass ich sage: "So, und jetzt, um das herauszubringen", nicht unbedingt, nein. Aufräumen. Eigentlich aufräumen, muss ich sagen, um Klarheit wieder zu kriegen, wenn es negativ ist. Wenn es positiv ist, ist wieder was anderes, aber wenn es irgend etwas Negatives ist, brauche ich Bewegung, Fahrrad fahren, aber eigentlich ist es dann eher aufräumen, um Klarheit zu kriegen, (...). Was ich vielleicht mache, ist, dass ich ins Atelier gehe und mir meine Sachen angucke und mir überlege, also dass ich wieder zur Ruhe komme, dass ich mich hinsetze und mir überlege, was ich weiter mache oder ein bisschen herumpussle, Sachen vorbereite oder so, aber dieses direkte Machen, nicht unbedingt."

BEI SCHLECHTER VERFASSUNG WIRD DIE ARBEIT NICHT GUT

Anja berichtet von der Erfahrung, bei schlechter Verfassung zu keinem guten Arbeiten zu kommen. Sie stellt die Frage in den Raum, ob das an ihrer Arbeitsweise liegt bzw. ob das bei einer expressiveren Malweise anders wäre.

"Wenn ich male und in keiner guten Verfassung bin, wird das nichts. Ist nicht gut für mich, (...), wird nicht gut, kommt nicht gut. Es wäre vielleicht etwas anderes, wenn man expressiver malen würde, so abstrakt, expressiv und man knallt da die Sachen durch die Gegend oder so."

EMOTIONALE AUSEINANDERSETZUNG MIT DER ARBEIT IM RAHMEN

Anja bezweifelt, dass sich in extreme Gefühlslagen zu versetzen zu einer besseren Arbeitsweise führt, obwohl ihr viele solcher Beispiele aus Künstlerbiographien bekannt sind. Vielmehr erscheint ihr Disziplin und nicht sich "in Rage bringen", als der bessere Weg. Ihre Arbeit soll nicht direkt von ihren Stimmungen abhängig sein, sondern in einem zuverlässigen Rahmen eingebettet sein. Die emotionale Auseinandersetzung mit der Arbeit soll innerhalb dieses Rahmens stattfinden.

"Das gab es und gibt es ja auf jeden Fall, aber ich glaube (...), in 90 Prozent oder mehr der Fälle, ist die künstlerische Arbeit wirklich ganz stark erst mal eine Disziplin. Zu sagen: "So (...) jetzt muss ich mich ransetzen", dass man irgendwie ver-

sucht, den äußeren Rahmen herzustellen und dass das, was emotional passiert, innerhalb dieses Rahmens entsteht. Dieses, ich muss mich jetzt in Rage bringen und dann fange ich an und zack-zack, ich weiß nicht. Das gibt es bestimmt, aber ich glaube, nicht bei den meisten. (...), die Begabung ist die Eins und der Fleiß sind die Nullen, (...) es geht ganz viel um Fleiß und Disziplin.(...), dass man das durchhält, (...), man muss sich selbst aufraffen. Es gibt keinen Menschen, der Dir sagt, was Du zu tun hast, es sei denn, Du hast einen Auftrag und es gibt so einen äußeren Rahmen, aber an sich musst Du Dir den selber schaffen."

DAS EIGENE WESEN FLIEẞT UNVERMEIDBAR IN DIE ARBEIT HINEIN
Nach Anjas Ansichten drückt sich die Stimmung, in der sie sich befindet unvermeidbar in der Arbeit aus. Dabei ist es irrelevant, ob es sich um eine positive oder eine negative Stimmung handelt.

"(...) und alles (...), was in einem emotional oder an Schwankungen vielleicht passiert, ob positiv oder negativ, es passiert sowieso, eine Stimmung die du hast, drückt sich sowieso darin aus. (...), die kann man gar nicht weghalten. Das ist ja wie wenn du schreibst, das ist ja dein Wesen was daraus fließt aus dem, wie deine Handschrift ist."

3.1.5 Zu den Ansichten über den Ausdrucksgehalt künstlerischer Mittel

Farbe

INTUITIVE FARBWAHL - EINE STIMME DIE SAGT: "VIOLETT JETZT"
Bei der Farbwahl spielt für Anja ihr persönliches Schönheitsempfinden eine große Rolle. Sie probiert vieles aus und entscheidet intuitiv. Sie beschreibt es so, dass sie eine Stimme hört, die ihr die "richtige" Farbe zuflüstert.

"Das ist natürlich der erste Anlass, aber das [das Bild] ändert sich dann, und die Farben entstehen, ehrlich gesagt, nach meinem Schönheitsempfinden. (...), ich probiere viel aus. Ich probiere so lange aus, bis es mir gefällt und deshalb entstehen auch wieder neue Schichten. (...), bei dem [Bild], kann man sehen, dass ich es erst in Rot machen wollte, gefiel mir überhaupt nicht, dann habe ich das violett gemacht, (...), habe ich dann den grünen Rock und fände es zu banal, wenn es doch nur komplementär wäre und (...) dann probiere ich eine neue [Farbe] aus und irgendwann denke ich, gefällt mir nicht. Da muss noch etwas anderes passieren! (...), das ist keine Kopfgeschichte. (...), natürlich rede ich dann vielleicht mit mir selbst und sage: "Nee, das ist zu banal oder so", aber was es dann für eine Farbe ist, die kommt einfach. Die kommt einfach so, dass ich im Kopf eine Stimme höre, die sagt: "Violett jetzt (...)".

DIE FARBWELT MACHT DEN AUSDRUCK AUS

Anja ist der Ansicht, dass die Farben eines gemalten Portraits "leben". Besonders reizvoll ist für sie die persönliche "Farbwelt", die sie in jedem Gesicht sieht. Das im Portrait wiederzugeben, beschreibt sie als komplex, denn es gehören viele Schichten dazu. Wenn ihr das gelingt, ist dieses Farbspektrum das, was für sie den Ausdruck des Portraits ausmacht.

"(...) wenn man sich ein Foto anguckt, da gibt es die Lichtseite und die Schattenseite, da ist kein Farbspektrum. Wenn man jemanden direkt ansieht, dann plötzlich merkt man, hier ist ein bisschen Blau, hier ein bisschen Grün, hier ist ein bisschen Ocker, (...). Das macht für mich ein gemaltes Portrait aus, das Farbspektrum, was sich da abspielt (...) und das macht für mich am Ende den Ausdruck aus, diese Farbpalette. (...) und diese Farbwelt, die da entsteht, besteht aus ganz vielen Schichten. Das ist nicht, ich nehme einmal den Hautton, mische den und mache hier ein bisschen weißer und da ein bisschen dunkler, und dann entsteht es eben. (...) wenn man es sich zu einfach macht, dann finde ich, wirkt es total banal und lebt auch nicht."

BEVORZUGUNG EINER BESTIMMTEN FARBPALETTE

Ihr fällt auf, dass sie "ihre" Farben hat, dass sie oft zu ähnlichen Farben tendiert.

"Ich merke immer, dass ich oft zu ähnlichen Farben tendiere, eine ähnliche Farbpalette, eine bestimmte Form des Anmischens, (...). Man hat schon seine Palette, denke ich. Es ist echt schwer, davon mal 'runter zu kommen, (...), müsste man vielleicht mal machen. (...) Vielleicht muss man sich auch dazu zwingen, einfach um es auszuprobieren."

WECHSELWIRKUNG ZWISCHEN FARBEN UND STIMMUNG

Für Anja besteht eine Wechselwirkung zwischen den Farben, die sie für ihre Arbeit aussucht und ihrer Stimmung und umgekehrt. Die ausgesuchten Farben auf dem Bild haben eine (Rück-)Wirkung auf ihre Stimmung. Das folgende Zitat von ihr verdeutlicht:

"Ich denke auf jeden Fall, dass Farben eine Stimmung auslösen können, ein Wohlempfinden oder Missempfinden (...). Ich liebe Farben absolut. Welches Verhältnis ich zur Farbe habe, das ist schwer zu sagen, (...) erstens hat es mit der eigenen Stimmung zu tun, welche Farben man benutzt, und dann auch wiederum rückwirkend: "Wie wirkt sie wieder auf einen?" (...)."

Ausdruck

UNWILLKÜRLICH – STETS VORHANDEN

So wie die Handschrift etwas über uns sagt, ist Anja der Meinung, geschieht es auch beim Malen. Dieser gewissermaßen unwillkürliche Ausdruck ist immer präsent und lässt sich willentlich kaum beeinflussen.

"Am Ende hat alles einen Ausdruck. (...). Es ist eine Entscheidung zu sagen, hier fängt etwas an, und da hört es auf, das ist wie beim Schreiben. Die Handschrift sagt auch etwas über einen aus und das ist ja die Handschrift auch, die Linie und auch die Art wie man den Pinsel drückt oder fährt oder ob man eher verschwommen oder eher klarer malt. (...), gut, manche Sachen, die kann man eh nicht ändern, wie seine Handschrift. Da kann man nicht sagen ich schreibe mehr so als so, das ist ja Quatsch, also bestimmte Art (...) kann man gar nicht verändern (...)."

3.1.6 Zu den persönlichen Zielen künstlerischen Arbeitens

Es wurden zu diesem Punkt keine Angaben gemacht.

3.2 Protokoll des Interviews mit Annelen

Das Interview mit Annelen findet in ihrem Haus, etwas außerhalb von Hamburg, statt. Am Anfang ist sie reserviert, berichtet dann aber sehr ausführlich von ihrer Arbeitsweise. Schon während des Kunststudiums interessiert sie sich besonders für Oberflächen und Kunststoffmaterialien. Im Laufe ihres beruflichen Werdegangs entwickelt sie eine Technik, die Malerei und Kunststoffe miteinander verbindet. Dabei wird die Farbmischung über die Leinwand gegossen. Es entstehen so Bildobjekte von einer glatten kunststoffartigen Oberfläche. Annelen ist zusätzlich zu ihrer freien Tätigkeit ebenfalls als Leiterin diverser Kunstseminare bei einer staatlichen Ausbildungsinstitution in Hamburg tätig.

3.2.1 Arbeitsphasen

Annelen berichtet über ihren Arbeitsprozess und beschreibt dabei die Merkmale, die diesen persönlichen Schaffensprozess charakterisieren.

Vorbereitungsphase

LANGFRISTIGE PRÄGUNG DURCH AUSBILDUNG UND FRÜHERE ARBEITEN
Während ihres Studiums entdeckt Annelen ihr starkes Interesse an Kunststoffen und Oberflächen. Im Rahmen ihrer Ausbildung bekommt sie bald die Möglichkeit, damit zu experimentieren. Sie entwickelt daraus ein starkes Interesse für eine Technik, die Malerei mit Kunststoffoberflächen verbindet. Frühe Arbeiten dieser Art dienen ihr quasi als Vorarbeiten zum heutigen Schwerpunkt ihrer künstlerischen Aktivität. Ihr Interesse für diese Verfahrensweise ist seitdem unverändert. Dabei bilden diese ersten Erfahrungen eine Basis, auf der sie ihre aktuelle Arbeitsmethode entwickelt hat.

"Ich habe vorher ähnlich reduzierte Arbeiten gemacht, habe aber die Farben mit dem Pinsel aufgetragen. (...), mich haben schon immer Oberflächen interessiert (...). Ich bin darauf gekommen dadurch, dass ich mich mit einer Malerei beschäftige (...), die an der Grenze ist (...) und diese Grenze, die interessiert mich.(...), mich haben Plastikfolien und Kunststoffmaterialien immer interessiert. Ich habe zu Anfang meines Studiums mit Kunststoffmaterialien gearbeitet und diese in Objekten mit Malerei kombiniert (...), und insofern spielten diese perfekten Flächen schon immer eine Rolle. Danach habe ich mich von den fertigen Materialien getrennt und habe nur noch auf diesen Oberflächen gearbeitet und daraus ist die Technik entstanden, (...) wie gesagt, das Arbeiten mit solchen Oberflächen hat schon immer eine Rolle bei mir gespielt, (...)."

KONKRETE VORSTELLUNG BEI GLEICHZEITIGER OFFENHEIT

Bevor Annelen zu arbeiten beginnt, hat sie auf der einen Seite eine konkrete Vorstellung davon, was sie machen möchte, andererseits ist sie im Hinblick auf das Ergebnis sehr offen. Diese Haltung resultiert daraus, dass sie die Erfahrung gemacht hat, dass das Ergebnis meist anders wird, als ursprünglich beabsichtigt. Diese beiden, gewissermaßen konträren Vorgehensweisen, spielen für ihre Vorbereitungsarbeit eine bedeutende Rolle. Sie bestimmen ihre Ausgangshaltung, von der aus sie sich in den Arbeitsprozess begibt.

"Ich habe natürlich eine bestimmte Vorstellung davon, was ich gerne möchte, aber das wird meistens ganz anders, (...). Das kann man nicht vorwegnehmen. (...) Auch bei diesen Arbeiten spielt Zufall eine große Rolle und ich habe kein Ergebnis vor Augen, wie das Bild nachher genau aussehen soll. Ich fange einfach mit einer bestimmten Farbe an. Die Arbeit besteht aus ganz vielen Schichten, die übereinander gegossen werden und immer wieder trocknen müssen (...) und wie das nachher wird, weiß ich vorher nicht so genau."

Inkubationsphase

INTENSIVER ZEITRAUM DES AUSPROBIERENS: VERSUCHSSTADIUM

Annelens Arbeit ist von Ausdauer und Geduld gekennzeichnet. Um ihre jetzige Technik zu entwickeln, hat sie ein Jahr lang diverse Gestaltungsmöglichkeiten ausprobiert und intensiv nach befriedigenden Alternativen gesucht. Während dieser Zeit, die sie als Versuchsstadium beschreibt, sind viele Arbeiten entstanden, die sie später zwar vernichtet hat, die für sie aber als "Versuch" von Bedeutung waren.

"Mit diesen Arbeiten bin ich ungefähr seit zwei Jahren beschäftigt. Von den Arbeiten, die im ersten Jahr entstanden, habe ich gar nichts mehr. Die habe ich alle vernichtet, weil es alles in so einem Versuchsstadium war. Das hat ein Jahr gedauert, bis ich das technisch entwickelt hatte und daneben auch die Farbstücke (...). Das finde ich ganz wichtig, z. B. diese kleine Arbeit., (...). Das ist eigentlich auch ein Versuch gewesen (...)."

DISKREPANZ ZWISCHEN DER EIGENTLICHEN ARBEIT UND DIE VORSTELLUNG DAVON

Annelen berichtet von einer Arbeitsphase, in der sie viele Ideen im Kopf hat, in der sie zunächst voller Elan und Zuversicht versucht, ihre Ideen gestalterisch umzusetzen. Wenn dann die Arbeit trotz vielem Ausprobieren nicht so wird, wie sie sich das erhofft hat, entsteht eine Diskrepanz zwischen der eigentlichen Arbeit, die konkret vor ihr liegt und der ursprünglichen Idee über diese.

> *"(...), wenn es nicht gelingt oder man gerade eine neue Idee hat, (...), denkt man: "Das wird alles toll werden!" und man versucht es zu realisieren. Wenn es dann nichts wird, kann das sehr frustrierend sein. Man denkt: "Das haut alles überhaupt nicht hin, es entsteht nicht." Man hat so viel Hoffnung daran gesetzt, fand die Vorstellung so toll und das ist natürlich frustrierend, (...)."*

Illuminationsphase

IM PROZESS DES MACHENS ETWAS NEUES ENTDECKEN

Nach langem, erfolglosem Ausprobieren geschieht es oft bei Annelen, dass sie unerwartet etwas erkennt, das viel besser ist als ihre ursprüngliche, "unausgegorene" Idee. Dies geschieht in ihren Augen eher zufällig und durch konkretes Tun.

> *"Vielfach ist es doch so, dass man nicht generell feststellt: "Das ist gar nichts", sondern, dass man oft noch ziemlich unausgegorene Ideen hat. Dadurch, dass man etwas macht, merkt man eben, dass das, was man versucht, so nicht geht, gar nicht gut, gar nicht spannend ist, dadurch aber bewirkt man wieder etwas anderes, nämlich, dass man im Prozess des Machens etwas Neues entdeckt, (...), was meistens viel besser ist, wo etwas Spannendes dabei herauskommt! Das ist vielfach so, dass man sich gute Sachen gar nicht ausdenken kann, sondern diese durch die Arbeit entstehen, mehr so zufällig entstehen."*

ZUFALL, VERSEHEN, LÖSUNG

Annelen beschreibt, wie sie oft durch Fehler und Zufälle ganz überraschend auf Lösungen kommt, auf die sie sonst nicht gekommen wäre. In dem Moment, wo ein "Versehen" bzw. ein "Missgeschick" passiert, erkennt sie plötzlich eine neue Alternative, die genau das bietet, was sie die ganze Zeit verfolgt hat. Sie löst sich dann von ihrer ursprünglichen Idee. Sie berichtet von einem Beispiel in dem Zusammenhang:

> *"Ich hatte die Vorstellung Arbeiten zu machen, die wie ein Negativ sind, (...) und dass eine Graphitzeichnung darunter liegt, auf die die Farbe kommt, (...). Ich habe versucht, unterschiedliche Farben so zu vergießen, dass es keinen Verlauf gibt (...). Und dies hier, ist genauso, wie ich das schon die ganze Zeit im Kopf hatte. Durch*

die Graphitzeichnungen, dadurch, dass sich da Staub ausgebreitet hat (...), ist es genauso eine Oberfläche geworden, wie ich sie gerne haben wollte! Der Graphitstaub war auch auf den Leinwänden, wo er nicht hin sollte und das war genau der Untergrund, den ich haben wollte, und bin aber vorher gar nicht darauf gekommen! Ich habe immer gedacht, wenn ich mit Farbe arbeiten möchte, muss ich eine andere Farbe hereingießen und dann ist das so blöd gemischt, die Farben verlaufen und so, und das wollte ich nicht! Ich wollte keine solchen Verläufe haben, (...) und durch dieses Graphitzeugs und dadurch, dass das opake Schichten sind, ist es genauso! Das meine ich, dass mir dieses Ergebnis viel wichtiger ist, als die Graphitzeichnungen selbst, die ursprüngliche Idee, (...) weil dies meinem Interesse viel stärker entspricht."

Verifikationsphase

PRÜFUNG UND BEWERTUNG – FRÜHERE EIGENE ARBEITEN ALS MAßSTAB

Wann eine Arbeit fertig ist, entscheidet Annelen "nach Gefühl" bzw. findet sie heraus, indem sie eine Malpause von mehreren Tagen einlegt. Während dieser Zeit schaut sie sich die betreffende Arbeit prüfend an. Sie führt dabei eine Art innerer Dialog über das Ergebnis. Als Maßstab für das Bestehen einer Arbeit nimmt sie eigene frühere Arbeiten. Es ist für sie wichtig, dass die Prüfung ihres Arbeitsergebnisses nach ihren eigenen Bewertungskriterien geschieht.

"Das weiß ich nicht immer so genau. Irgendwann, wenn ich das Gefühl habe, es könnte fertig sein, höre ich auf und schaue mir das ein paar Tage an. Dann kann es sein, dass es besteht und ich sage: "Das ist jetzt, so wie es ist, ist es gut" und es kann aber auch sein, dass ich nach einer Woche sage: "Nein, das ist doch nicht so gut". Ich nehme als Maßstab natürlich die anderen Arbeiten, die ich schon habe, neben denen das bestehen muss."

NEGATIVE BEWERTUNG DER EIGENEN ARBEIT

Bei negativer Bewertung der eigenen Arbeit, wenn Annelen mit dem Ergebnis nicht zufrieden ist, arbeitet sie entweder am Bild weiter oder, falls auch diese Maßnahme nicht zum gewünschten Ergebnis führt, wirft sie die Arbeit weg. Bei zu vielen Korrekturarbeiten können dicke Farbschichten entstehen, die weiteres Arbeiten erschweren bzw. technisch unmöglich machen. Wenn diese Grenze erreicht ist und die Arbeit in ihren Augen auch dann noch nicht gut ist, trennt sie sich davon. Das empfindet sie als Erleichterung.

"(...) dann arbeite ich weiter, da kommen noch Schichten darauf, (...). Ich schmeiße viel weg und da spielt eine Rolle, dass ich es nicht gut aushalten kann, arbeiten zu haben, mit denen ich nicht hundertprozentig zufrieden bin. Wenn die zum Schluss

nicht wirklich so sind, dann empfinde ich es als Erleichterung, die wegzuwerfen, weil es dadurch geklärt ist. (...) Es ist ein Prozess und es ist vorher nicht klar, wie die zum Schluss aussehen werden, aber dennoch kommt es vor, dass sie irgendwann hinüber sind, weil ich zu viel herumprobiert habe und es einfach nicht geklappt hat und eine Qualität haben, mit der man nicht zufrieden ist. (...), dann muss man wegwerfen und das ist natürlich insofern immer schade, als dass das Material ziemlich teuer ist und es auch sehr viel Zeit gekostet hat (...)."

3.2.2 Zu den Einflussfaktoren künstlerischen Arbeitens

In Kürze folgt eine Darstellung der Aspekte, die aus Annelens Sicht ihre kreative Arbeit beeinflussen.

Fördernde Faktoren

DAS SPIELERISCHE – LEICHTIGKEIT
Für Annelen ist das Spielerische ein förderndes Element ihrer künstlerischen Arbeit. Auf diese Art und Weise sind einige ihrer Lieblingsarbeiten entstanden. Die Fähigkeit, auf Missgeschicke und Pannen spontan und flexibel zu reagieren, kommt dabei zum Tragen. Das bringt eine Leichtigkeit hervor, die sie sehr schätzt, die für sie das Arbeiten "schöner" macht. Während des Interviews erzählt sie:

"Diese Farbstücke, (...), sind auch durch etwas Zufälliges entstanden. (...) Ich habe mit flüssigen Farben gearbeitet, (...), diese gegossen und beim Gießen, da läuft tatsächlich was vorbei! Es läuft runter, trocknet und diese getrockneten kleinen Teile waren irgendwie gut und ich habe sie dann nur vergrößert und geguckt, was ich daraus mache. Für mich war das damals eine sehr schöne Arbeit, weil ich mit den anderen Arbeiten nur mühsam voran kam. (...), aber es war so, dass ich nebenbei, auf eine spielerische Weise, plötzlich Ergebnisse hatte, die toll waren und die auch so leicht entstanden sind. Das ist ganz schön. Da ist eben so eine Leichtigkeit."

INTERESSE UND SPAß
Es motiviert Annelen sehr, an etwas zu arbeiten, was sie wirklich interessiert. Förderlich für ihre Arbeit findet sie es auch, wenn diese ihr Spaß macht. Sie erklärt, wie sie heute im Vergleich zu früher bei ihrer Arbeit mehr Spaß hat.

"Diese Zeichnungen verfolge ich noch, weil es nämlich Spaß macht zu zeichnen (...) und das ist schon etwas, wo ich denke: "Das reizt mich, das kann ich noch weiterverfolgen. (...), dass das, was ich jetzt mache, so viel angenehmer, so viel leichter ist. Das dauert lange und muss irgendwie perfekt gemacht werden, aber es macht auch so einen Spaß (...)."

Hemmende Faktoren

MISSLINGEN DER ARBEIT
Ein misslungenes Arbeitsergebnis wirkt sich negativ auf Annelens Arbeitsprozess aus.

> *"Natürlich gibt es Situationen, gerade wenn man arbeitet und durch die Arbeit genervt ist, weil es nicht funktioniert, in denen man etwas anderes machen muss, aufhören muss (...)."*

ÜBERLASTUNG DURCH ZU VIEL ARBEIT – LUSTLOSIGKEIT
Nicht nur Misserfolge, findet Annelen, beeinflussen ihren Arbeitsprozess auf negative Weise, sondern auch zu viel Arbeit zu haben, kann auf sie hemmend wirken und dazu führen, dass sie "keine Lust dazu" hat und die Arbeit abbricht.

> *"(...) und wenn es viel Arbeit ist, hat man manchmal keine Lust dazu, (...) oder wenn einem das nicht gelingt, nachdem man lange daran gearbeitet hat, dann schmeißt man es in die Ecke und so. Man hat ja auch zwischendurch Frust (...)."*

3.2.3 Zur Rolle des sozialen Austauschs für den Schaffensprozess

REGELMÄßIGER AUSTAUSCH MIT FREUNDEN IST WICHTIG
Annelen äußert sich zwar in wenigen Worten zu diesem Punkt, sie betont aber, dass ein regelmäßiger Gedankenaustausch mit Künstlerkollegen für ihre Arbeit eine wichtige Rolle spielt.

> *"Ich habe Freunde, die auch Künstler sind, mit denen ich regelmäßig über die Arbeit spreche. Sie besuchen mich, ich besuche sie und so. Ich glaube, dass diese Form des Austauschs eine große für die Arbeit Rolle spielt."*

3.2.4 Zur Rolle der eigenen Befindlichkeit für die kreative Arbeit

STIMMUNGSUNABHÄNGIGES ARBEITEN
Obwohl Annelen davon berichtet, "in unterschiedlichen Stimmungen zu sein" und sie der Meinung ist, dass diese bei der Arbeit eine Rolle spielen, räumt sie Stimmungen bei ihrer Arbeitsweise wenig Platz ein. Bei ihrer Herangehensweise orientiert sie sich eher an Gedanken und Ideen, die sie durch die Arbeit klären und ausprobieren will. Sie grenzt ihre Arbeitsweise von einer "spontaneren" Malweise ab, wo Stimmungen ihrer Ansicht nach einen größeren Einfluss auf die Arbeit haben.

"Ich arbeite nicht nach Stimmung. Natürlich ist es so, dass man in den unterschiedlichsten Stimmungen ist, dass das auch eine Rolle spielt, wie es einem von der Hand geht, aber eigentlich nicht, sondern bei mir geht es eher darum, dass ich gedanklich bestimmte Dinge kläre und ausprobiere, inwieweit sich etwas umsetzen lässt und dann gucke. Es ist nicht so ein „spontanes" Malen, wo das eine Rolle spielt. So arbeite ich grundsätzlich nicht."

MALEREI ALS QUELLE POSITIVER GEFÜHLE

Annelen erzählt, dass sie mit ihrer Arbeit als Malerin sehr zufrieden ist. Die Malerei bringt Spannung und Glücksgefühle in ihr Leben. Es gibt für sie keine andere Aktivität, die die Malerei und "das tolle Gefühl", das diese ihr vermittelt, ersetzen könnte. Sie freut sich durchaus über eine Urlaubspause als Möglichkeit, etwas Distanz zu der Arbeit zu bekommen, vermisst das Malen aber sehr bald. Frustration ist ihr im Zusammenhang mit ihrer künstlerischen Arbeit auch bekannt, aber Zufriedenheit und Freude überwiegen. Sie betont, dass Glücksgefühle sowohl nach der Arbeit, als auch während der Arbeit vorhanden sind. Diese positiven Gefühle geben ihrer Arbeit Sinn und sind gleichsam treibende Kraft.

"Ich bin vielfach schon ganz gespannt, ob es trocken ist, dass ich es angucken kann. (...) Es ist einfach immer spannend damit zu leben, es ist schon etwas ganz Tolles. Also, das merke ich manchmal, wenn ich ein paar Tage verreise, dass mir das fehlt, dass eine Reise oder so das nicht ersetzen kann. Natürlich ist es gut, mal raus zu kommen, ein bisschen Distanz zu haben, aber ich finde, dass es nicht so ist, dass man nur zum Schluss glücklich ist, wenn es eine gute Arbeit geworden ist, sondern es ist auch zwischendurch so, dass man fast immer gespannt ist, dass man sich darauf freut (...). Man hat auch zwischendurch Frust, aber man weiß, wofür man das macht: Weil es ein tolles Gefühl ist, wenn es nachher so ist, dass man zufrieden ist!"

WECHSELWIRKUNG ZWISCHEN ERGEBNIS DER ARBEIT UND STIMMUNG

Zu Beginn geht Annelen ganz optimistisch an die Arbeit heran. Sie ist voller Ideen und von ihrer eigenen Vorstellung begeistert und versucht diese in die Tat umzusetzen. Wenn die Arbeit trotz ihrer Bemühungen nicht gelingt, so ist sie enttäuscht, frustriert, "genervt", lustlos. Manchmal bricht sie auch entmutigt eine Sache ab. Sie erklärt:

"(...), wenn es nicht gelingt oder man gerade eine neue Idee hat, (...), denkt man: "Das wird alles toll werden!" und man versucht das zu realisieren. Wenn es dann nichts wird, kann das sehr frustrierend sein. Man denkt: "Das haut alles überhaupt nicht hin, es entsteht nicht." Man hat so viel Hoffnung daran gesetzt, fand die Vorstellung so toll und das ist natürlich frustrierend, (...). Natürlich gibt es Situationen, gerade wenn man arbeitet und durch die Arbeit genervt ist, weil nicht funktioniert, in denen man etwas anderes machen muss, aufhören muss (...).(...) und

wenn es viel Arbeit ist, hat man manchmal keine Lust dazu, (...) oder wenn einem das nicht gelingt, nachdem man lange daran gearbeitet hat, dann schmeißt man es in die Ecke und so. Man hat ja auch zwischendurch Frust (...)."

3.2.5 Zu den Ansichten über den Ausdrucksgehalt künstlerischer Mittel

Farbe

PERSÖNLICHE FARBEN UND PERSÖNLICHES FARBERLEBEN

Normalerweise ist Annelens Palette unbunt. Am meisten kommen darin Weiß- bzw. Grautöne vor, die sie als "sehr zurückgenommen" beschreibt. Sie sieht ihre eigenen Arbeiten als "minimalistisch und reduziert". Bunte Arbeiten sind für sie ungewöhnlich. Die Farben, die in solchen Arbeiten vorkommen, bezeichnet sie als kräftig. Annelen setzt bunt mit kräftig, Weiß- und Grautöne mit Zurückgenommenheit in Verbindung. Blau steht für sie in Verbindung mit Himmel und Weichheit. Außerdem erlebt Annelen Farben stets in Relation zu der Umgebung bzw. zu anderen Farben und nicht in "absoluten" Farbwerten.

"Also, Blau steht auch für diese Himmelsassoziation, (...) oft bei diesen kleinen Arbeiten ist so eine Weichheit da und man denkt an Himmel. (...), diese Arbeiten sind für mich ungewöhnlich bunt und kräftig in den Farben. Ansonsten arbeite ich eher mit Farben, die sehr zurückgenommen sind. Ich habe ganz viele Arbeiten gemacht, die fast weiß sind, (...) die das auch thematisieren und die so sind, dass man sie gerade als Farbe überhaupt erkennen kann. (...) Das Grau spielt auch eine ganz große Rolle. (...) ich habe in Räumen Arbeiten gemacht, bestehend aus verschiedenen Teilen auf unterschiedlichen Wänden, und das Grau ist bei allen Arbeiten gleich, aber es wirkt zu den unterschiedlichen Farbtönen, (...) total unterschiedlich, so dass man denkt, das seien völlig unterschiedliche Farben."

AUßENEINFLÜSSE BEI DER FARBWAHL

Es kommt vor, dass Annelens Farbwahl von außen beeinflußt wird. Die Natur z. B. kann sie dazu veranlassen, bestimmte Farben zu benutzen. Insgesamt verändert sie ihren Stil dabei nicht.

"Es ist möglich, dass ich im Frühling Farben benutze, die etwas mit dem Licht und den Farben, die es im Frühling gibt, zu tun haben, aber nicht, dass ich etwas völlig anderes mache."

Linie

SPIELT KAUM EINE ROLLE
Bei Annelens Arbeit spielt die Fragestellung der Linie kaum eine Rolle. Sie malt vollkommen ungegenständlich und arbeitet mittels ihrer Gusstechnik, ganz ohne Pinsel. Die Linie sieht sie eher in der Zeichnung angesiedelt.

"In meiner Malerei spielt die Linie nicht so eine Rolle, (...), wenn, dann spielen sie eine Rolle für mich in der Zeichnung. Ich mache ein bisschen was zur Zeichnung, und da spielt es eine Rolle, aber nicht bezogen auf Malerei. (...) Da gibt es Leute, bei denen Form und Linie eine Rolle spielen und die, bei denen das weniger der Fall ist. (...), das ist hier einfach etwas anderes, es hat eine andere Bedeutung, als bei figurativer Malerei."

3.2.6 Zu den persönlichen Zielen künstlerischen Arbeitens

KLÄRUNG EINER BESTIMMTEN FRAGESTELLUNG
Eine der zentralen Fragestellungen von Annelens Arbeit ist die Frage nach der Grenze zwischen Bild und Bildobjekt. Mit dieser Frage beschäftigt sie sich intensiv und versucht durch ihre Arbeiten Antworten darauf zu finden. Als Nebeneffekt haben all ihre Arbeiten etwas miteinander zu tun, es gibt einen Zusammenhang, sie bilden quasi eine Einheit.

"Ich verfolge bestimmte Interessen. Schon ganz lange beschäftige ich mich mit Bildern und Malerei, aber auf einer ganz bestimmten Ebene, und die verfolge ich. Ich stehe nicht vor der Leinwand und überlege: "Ach, jetzt mache ich mal so ein Bild", sondern ich habe im Laufe der Zeit verschiedene Arbeiten entwickelt, die alle etwas miteinander zu tun haben (...). Ich frage dabei, was überhaupt ein Bild ist oder wann es ein Bild ist und wann nicht mehr, und das ist meine Ausgangsfrage. Insofern stehe ich nicht davor und denke: "Jetzt gucke ich mal, was da entsteht", sondern immer in diesem Zusammenhang."

KÜNSTLERISCHE QUALITÄT ERREICHEN
Als wichtiges Ziel ihrer künstlerischen Tätigkeit formuliert Annelen das Erreichen einer bestimmten künstlerischen Qualität. Zu den Aspekten, die für sie diese Qualität definieren, gehören u. a.: Intensität, Farbigkeit, Tiefe, Glätte und Perfektion.

"Mir geht es darum, eine bestimmte Bildintensität und Farbigkeit zu erreichen, (...), wo man den Ort gar nicht fixieren kann, wo ein diffuser Farbraum entsteht, der gar nicht so genau festzumachen ist. Die Bilder haben eine seltsame Tiefe und das zu erreichen, ist eigentlich das Ziel (...). Es gibt ältere Arbeiten, die noch nicht so perfekt sind, die stärker als diese an Malerei erinnern, weniger objekthaft sind

als diese perfekten, weil ich das zu Anfang noch nicht so perfekt hinbekommen habe, aber das ist schon das, was ich bewusst angestrebt habe und anstrebe, diese Glätte und Perfektion."

3.3 Protokoll des Interviews mit Anton

Das Interview mit Anton findet in seinem Wohnatelier in Hamburg-Altona statt. Anton ist als freier Maler tätig. Zudem ist er oft an Ausstellungen und zahlreichen Projekten unterschiedlicher Museen beteiligt – z. B. in Berlin, Hamburg und Polen. Anton ist deutsch-schwedisch und bekundet starkes Interesse an diversen fremden Kulturen, was sich in seiner Arbeit widerspiegelt, bei der die kulturelle Ebene eine grundlegende Rolle spielt. Dort verbindet er die Malerei mit den diversen kulturellen Projekten, bei denen er engagiert ist. Anton ist gerne bereit sich auf ein Interview einzulassen, da er sich vom Thema sehr angesprochen fühlt. Im Laufe unseres Gespräches kam es leider zu technischen Problemen, was zum Verlust einiger Daten geführt hat. Da das Gespräch dennoch viele wertvolle Informationen enthält, wurde das vorhandene Material in die Auswertung aufgenommen.

3.3.1 Arbeitsphasen

Anton berichtet von seiner Arbeitsweise, bei der sich folgende Phasen erkennen lassen.

Vorbereitungsphase

VORSTELLUNG, ENTSCHEIDUNG FÜR EINE RICHTUNG, SICH FALLEN LASSEN
Zu Beginn der Arbeit ist es für Anton wichtig, sich eine Vorstellung von seiner Vorgehensweise zu machen. Im Laufe der Handlung jedoch löst er sich davon und lässt sich in das Geschehen "fallen". Er versucht bei seinen jeweils aktuellen Ideen und Vorstellungen an frühere und eigene Lieblingsarbeiten anzuknüpfen.

"Ich stelle mir in gewisser Weise Weichen, so dass ich mir sage: Das Bild wird jetzt nicht irgendwie und entsteht einfach nur so aus dem Moment, sondern schon so, dass ich mir gewisse Vorstellungen mache, wie ich vorgehen möchte, aber die dann einfach kommen lasse, (...) und dann hört aber auch die Analyse auf. Das ist dieser analytische Punkt, was ist es, wo kann ich weitergehen. Das ist ähnlich, wie wenn man ins Kino will, viele Filme zur Auswahl hat und sich überlegt, was man will (...) und dann geht man rein, lässt sich reinfallen, ist drin.(...) das beruht wiederum auf den Erfahrungen, was ich vorher gemacht, gemalt habe und wo ich mich besonders wohl fühle. Welches Bild z. B. gefällt mir am meisten? Und in welche Richtung würde ich mich am liebsten weiterentwickeln? Und wenn ich dann eine Idee habe und ein Bild malen möchte, versuche ich daran anzuknüpfen."

Inkubationsphase

SCHLAF, VISION, TRÄUME
Anton berichtet von einer Arbeitsphase der unbewussten Ideengewinnung. Aus inneren Bildern, zu denen er meistens während des Schlafes bzw. durch Träume Zugang bekommt, entstehen die Ideen für seine Arbeiten. Aus diesen lebendigen Bildern entsteht eine Vision, die in ihm "arbeitet", die er umsetzen will.

> *"Das ist manchmal so, dass man morgens aufwacht und noch einen Traum im Kopf und ganz lebendige Bilder vor Augen hat. Die verblassen im Laufe des Tages, aber dieser Moment ist fast wie eine Inspiration. (...), dass man diese Idee hat und sie visualisieren möchte (...), dass diese Idee da arbeitet und man sie umsetzen will. (...), das hängt nur von diesem Traum ab, den man materialisieren möchte (...)."*

3.3.2 Zu den Einflussfaktoren künstlerischen Arbeitens

Fördernde Faktoren

ANERKENNUNG VON AUßEN
Anton erlebt Anerkennung und positive Resonanz als fördernde Aspekte für seine Arbeit.

> *"Was mich motiviert und als positives Gefühl gewissermaßen eingebracht werden könnte, das ist Lob. Wenn mich jemand lobt oder ich positive Resonanz bekomme, ist das für mich enorm motivierend (...)."*

POSITIVE GEFÜHLE – SPAß
Spaß ist auch ein entscheidendes Kriterium für seine Arbeit.

> *"Ich male grundsätzlich nicht aus negativen Gefühlen heraus, also Wut. Es gibt viele Künstler die aus Frustration, Resignation, Wut usw. heraus ihre Kreativität schöpfen, dazu gehöre ich aber nicht. Ich bin eher derjenige, der positiv daran geht. Malerei, Bilder, da kommt bei mir der Spaßfaktor, (...), ich habe die Energie dazu, etwas zu machen, und irgendwie kriege ich beim Malen die Energie zurück, und das ist nicht mit Frustration oder negativen Gefühlen verbunden, im Gegenteil. Wenn ich negative Gefühle habe, Wut, Trauer oder derartiges, bin ich eher dabei, mich abzulenken. D. h., dass ich eher ins Kino gehe, in eine Kneipe (...), aber mich nicht in diese negativen Gefühle versenke und die dann versuche, von mir zu geben. Das ist nicht meine Welt. Ich muss einfach Lust dazu haben."*

GÜNSTIGER RAHMEN: RUHE UND UNGESTÖRTHEIT
Sich einen geschützten Rahmen zu schaffen, einen Raum bzw. einen Zeitraum, der frei ist von äußeren Verpflichtungen und Ablenkungen wie Termine, Zeitdruck, Telefonate usw., ist für Anton eine der wünschenswertesten Voraussetzungen für seine Arbeit, die "ideale Grundbedingung."

"(...), dass ich einen längeren Zeitraum brauche, (...), wo ich überhaupt keine Termine, Verpflichtungen oder sonstiges habe, (...) und an nichts anderes denken muss, einfach aufwache und einen offenen Tag vor mir habe, noch besser zwei, drei (...). Das habe ich schon gehabt, dass ich eine Woche lang die Wohnung überhaupt nicht verlassen, sondern gemalt habe und zum Entspannen mir abends einen Film angeguckt habe oder (...) und am nächsten Tag war es genauso, dass ich über diesen begrenzten Zeitraum auch keine Verpflichtungen hatte, (...), aber immer einen begrenzten Zeitraum ohne jegliche Verpflichtungen und sonst, in den Tag hineinschwimmen, das ist für mich die ideale Grundbedingung. Auch einfache Verabredungen, (...), sind schon störend. Man weiß, bis dann und dann habe ich Zeit, mir die Hände zu waschen und die Farben wegzuspülen, das ist schon schlecht."

INTENSIVES ZUSAMMENSEIN MIT ANDEREN MENSCHEN
Anton betrachtet das intensive Zusammensein mit anderen Menschen, als etwas, das seine Arbeit fördert, denn anschließend hat er verstärkt das Bedürfnis durch die Malerei wieder zu sich selbst zu kommen.

"Meistens wenn ich eine längere Zeit mit vielen Menschen zusammen bin, habe ich dann stärker das Bedürfnis, mich durch die Malerei wiederum irgendwie (...) "positiv (...) zu isolieren", zu mir zu kommen. Das empfinde ich häufig und stark."

Hemmende Faktoren

NEGATIVE BEWERTUNG VON AUßEN
Anton bezeichnet "negative Resonanz" als einen Aspekt, den er in Bezug auf seine Arbeit als wenig förderlich bzw. hemmend ansieht. Das reduziert seinen Spaß an der Malerei.

"(...) und umgekehrt, wenn ich negative Resonanz bekomme, das ist für mich negativ. Es hat nicht unbedingt die Bedeutung, dass ich mein eigenes Schaffen in Frage stelle, aber es reduziert meinen Spaß an der Sache."

3.3.3 Zur Rolle des sozialen Austauschs für den Schaffensprozess

s. Punkt 3.3.6, „Zu den persönliche Zielen künstlerischen Schaffens".

3.3.4 Zur Rolle der eigenen Befindlichkeit für die kreative Arbeit

Wechselwirkung zwischen kreativer Tätigkeit und Stimmung

MALEN RUFT EINE POSITIVE STIMMUNG HERVOR – LÄNGERE MALPAUSEN SPANNUNG
Das Malen wird von Anton als Quelle positiver Gefühle beschrieben. Sowohl während des Malens, als auch danach stellt sich bei ihm Wohlbefinden ein. Dieses Wohlbefinden geht einher mit dem Gefühl der Produktivität in dem Bereich des eigenen Interesses. Dagegen verursachen längere Malpausen unangenehme Gefühle des "Unterdrucks", des "Entzugs", die sich erst durch Wiederaufnehmen der Maltätigkeit aufheben lassen.

"Diese Frage lässt sich für mich leichter beantworten, als ich mich immer während des Malens und danach sehr gut fühle, ich das Gefühl habe, etwas gemacht zu haben, was in dem Moment für mich wichtig und interessant war. Ich habe das manchmal, wenn ich längere Zeit nicht male, dass ich das spüre. Ich fühle einen Unterdruck, wie ein Raucher der längere Zeit nicht geraucht hat (...), so eine Art Entzug, und dann bin ich ganz gespannt, wieder zu malen und wenn ich das tue, um so besser fühle ich mich dann."

MALEREI IST AN POSITIVE GEFÜHLE GEKOPPELT
Anton erklärt, welche wichtige Rolle in seiner Malerei Spaß hat. Malerei ist für ihn mit positiven Gefühlen und Energie verbunden. Bei negativen Gefühlen zieht er es vor, sich abzulenken. Er lehnt es ab, sich in negative Gefühle zu "versenken" oder diese durch seine Bilder "herauszugeben".

"Ich male grundsätzlich nicht aus negativen Gefühlen heraus, also Wut. Es gibt viele Künstler die aus Frustration, Resignation, Wut usw. heraus ihre Kreativität schöpfen, dazu gehöre ich aber nicht. Ich bin eher derjenige, der positiv daran geht. Malerei, Bilder, da kommt bei mir der Spaßfaktor, (...), ich habe die Energie dazu, etwas zu machen und irgendwie kriege ich beim Malen die Energie zurück, und das ist nicht mit Frustration oder negativen Gefühlen verbunden, im Gegenteil. Wenn ich negative Gefühle habe, Wut, Trauer oder derartiges, bin ich eher dabei mich abzulenken. D. h., dass ich eher ins Kino gehe, in eine Kneipe oder (...), aber mich nicht in diese negativen Gefühle versenke und die versuche dann von mir zu geben. Das ist nicht meine Welt."

Soziokulturelle Aspekte des Gefühlsausdrucks

GEFÜHLSAUSDRUCK IST ABHÄNGIG DAVON, OB "MAN" ALLEIN IST ODER IN GESELLSCHAFT

Anton erlebt Unterschiede in seinem Gefühlsausdruck in Abhängigkeit zu der sozialen Situation, in der er sich befindet. In Gesellschaft versucht er negative Gefühle zu unterdrücken, was er nicht tut, wenn er allein ist.

"Wenn ich negative Gefühle habe, Wut oder so, lasse ich die durchaus 'raus, dann bin ich einfach wütend, aber wenn ich mit anderen zusammen bin, versuche ich das zu unterdrücken bzw. gar nicht erst groß werden zu lassen, weil ich es als unangenehm empfinde, wenn man sich gegenseitig anpöbelt oder Wutausbrüche usw. von sich gibt. Positive Gefühle, wenn man in Gesellschaft ist, das wiederum ist für andere Menschen angenehm, wenn man die zeigt, von daher ist da eine gewisse Unterscheidung."

ABHÄNGIG DAVON IN WELCHER KULTUR MAN IST

Anton erlebt Unterschiede im Gefühlsausdruck in Abhängigkeit zu der Kultur in der er sich befindet. Seiner Ansicht nach spielt die Emotion bzw. eine emotionale Betrachtungsweise des Lebens in anderen Ländern eine größere Rolle als in Deutschland, wo dem Intellekt der Vorzug gegeben wird. Er beschreibt den offenen Umgang mit Gefühlen in Deutschland als schwierig.

"Gefühle, das ist gerade in Deutschland ein diffiziles Wort, weil ich die Erfahrung gemacht habe, dass in Deutschland Gefühle eine ganz andere Bedeutung haben, als in anderen Ländern (...). Ich habe durch Reisen (...) die Erfahrung gemacht, dass woanders die Welt wesentlich stärker emotional betrachtet wird, (...); nicht durch diese Spitzenerlebnisse der Gefühle, sondern durch eine konstante Betrachtungsweise, eine Lebensart, bei der man andere Menschen, Situationen, (...), emotional sieht und darauf eingeht (...) und nicht so sehr vom Verstand. Hier in Deutschland ist es stärker vom Verstand, ein Kalkulieren (...). Das ist für mich ein Zeichen einer gewissen Unfähigkeit, (...), einfach nur den allgemeinen Eindruck wahrzunehmen und ein Hinweis auf Ängstlichkeit (...), der Intellekt ist für einen bestimmten Bereich eine gute Sache, aber die Emotion ist das, was ich besonders wichtig finde im Zusammenleben."

3.3.5 Zu den Ansichten über den Ausdrucksgehalt künstlerischer Mittel

Farbe

SUBJEKTIVES ERLEBEN: SYMPATHIE VS. ANTIPATHIE

Für Anton ist der Ausdruck bzw. die Aussage einer Farbe an die subjektive Sympathie oder Antipathie des Betrachters gekoppelt. Wie der Betrachter eine Farbe erlebt und interpretiert, hängt seiner Ansicht nach stark vom persönlichem Erleben in Verbindung mit der jeweiligen Farbe ab. Während bestimmte Farben in der "eigenen Farbsprache" etwas Positives darstellen, können genau dieselben Farben von jemand anderem als negativ aufgefasst werden, so Anton.

"Der Ausdrucksgehalt von Farben orientiert sich sehr stark an der subjektiven Sympathie oder Antipathie. Farben, die man als positiv oder negativ, angenehm oder unangenehm empfindet, das ist eine sehr persönliche Angelegenheit, aber damit drückt sich auch wiederum eine Sprache aus (...), das, was ich als positiv empfinde, als Farbe einsetze, um etwas Positives auszudrücken, kann für einen anderen total schrill, negativ, unangenehm sein. Es kann aber auch sein, dass ein anderer ähnlich empfindet und auch sagt: "Das ist eine schöne leuchtende Farbe, die mir gefällt, die mich anspricht", und ein Dritter sagt: "Das ist für mich grell und fürchterlich" (...)."

FARBEN HABEN EINEN CHARAKTER

Unabhängig vom persönlichen Erleben des Betrachters ordnet Anton bestimmten Farben *Charaktereigenschaften* zu. Das sind Eigenschaften, die er mit der jeweiligen Farbe im Allgemeinen verbindet.

"(...), aber selbstverständlich hat eine Farbe für mich einen Charakter. Rot ist für mich stärker, aggressiver, kräftiger. Blau ist für mich ätherischer, geht weiter zurück, ist sanfter, nicht so angreifend, entfernter (...)."

FARBWAHL UND WOHLBEFINDEN

Nach welchen Kriterien eine Farbe ausgesucht wird, hängt von der jeweiligen Situation ab. Auch vom eigenen momentanen Wohlbefinden kann die Farbwahl abhängen. Manchmal fühlt er sich in Farben wohl, die in seiner Farbpalette ansonsten ungewohnt sind.

"(...) es gibt Momente, wo ich in der Malerei Farben einsetze, die eher dunkel und sehr ausgesucht sind, nicht leuchtend, sondern matt zurückgehend, aber wo ich mich in dem Moment drin wohl fühle."

Linie

KLARE VORSTELLUNG, KLARE ENTSCHEIDUNG, KLARE LINIE
Anton sieht einen Zusammenhang in der Art der Linienführung eines Menschen und seines Charakters. Insbesondere den Aspekt der geistigen Klarheit und die Fähigkeit, Entscheidungen zu treffen, sieht er darin reflektiert.

"Ich bin der Ansicht, dass die Linienführung, stärker noch als die Farbe, etwas über Gedanken oder Charakter eines Menschen aussagt. Jemand, der eine sehr unklare gedankliche Vorstellung hat, (...), wird, (...), auch stärker in seiner Linienführung unklar sein, weil eine Linie, eine klare Entscheidung ist (...) und dazu gibt es Leute, die eine eher verspielte, fast verworrene Linienführung haben und andere, die eher mit sehr klaren Umrissen arbeiten (...) und wenn man sich die Personen dazu anguckt, stellt man fest, dass das eine Entsprechung im realen Leben hat (...)."

3.3.6 Zu den persönlichen Zielen künstlerischen Arbeitens

Kommunikation

Für Anton stellt die Malerei in erster Linie ein Kommunikationsmedium dar, sowohl auf zwischenmenschlicher, als auch auf kultureller Ebene. Er beschreibt den Austausch mit anderen Menschen als ein wichtiges Ziel seiner künstlerischen Arbeit.

MALEREI ALS KOMMUNIKATIONSMEDIUM AUF ZWISCHENMENSCHLICHER EBENE
Anton wünscht sich positive Reaktionen auf seine Arbeiten. Wenn das nicht der Fall ist bzw. wenn er negative Resonanz auf seine Bilder erfährt, dann ist das für ihn vergleichbar, wie wenn es ganz allgemeine Kommunikationsschwierigkeiten zwischen Menschen gibt.

"Was das Persönliche angeht, sind Bilder erst einmal Kommunikation. Etwas was man von sich gibt und wenn man es anderen Menschen zeigt, hofft man, dass es andere Menschen gibt, die darauf möglichst positiv reagieren. (...), wenn sie negativ reagieren, ist es dasselbe, wie wenn man jemanden trifft, mit dem man sich nicht gerne unterhält oder wo es Kommunikationsschwierigkeiten gibt."

MALEREI ALS KOMMUNIKATIONSMEDIUM AUF KULTURELLER EBENE
Im Rahmen seiner kulturellen Projekte versucht Anton durch seine Bilder den Austausch zwischen den Kulturen, mit denen er sich befasst, zu beleben, Menschen über andere Länder und Kulturen zu informieren und sie auf diese Unterschiede neugierig zu machen. Bspw. berichtet er von seiner

Arbeit betreffend Deutschland und Polen und die Beziehungen zwischen beiden Ländern.

"Sonst sehe ich, was meine Bilder angeht, sie in diesen Projektrahmen eingebunden, mit dem ich etwas bewirken will. (...), dass ich versuche, durch Projekte Kontakt zu Polen herzustellen, d. h., Ausstellungen in Deutschland und Polen mache, Polen anspreche, Deutsche über Polen informiere, und da sind Bilder zwar eigene Lebewesen in sich, aber dann wiederum Träger eines Grundgedankens. Da kommt es nicht auf das einzelne Bild an, sondern auf den ganzen Rahmen. Kommunikation und mit Projekten, Kunst oder Kultur, die Malerei dazu verwenden, um auf unserer Welt etwas zu bewirken, Kommunikation zu der Kultur herzustellen mit der ich mich befasse."

3.4 Protokoll des Interviews mit Florian

Das Gespräch mit Florian findet in seinem dreistöckigen Haus in Hamburg-Eimsbüttel statt. Hier wohnt und arbeitet er zusammen mit seiner Partnerin, die ebenfalls Künstlerin ist und deren Tochter im Schulkindalter. Florians Malerei ist stark an das anthroposophische Gedankengut Rudolf Steiners angelehnt, genauso wie seine dreidimensionalen Arbeiten. Zusätzlich zu seiner freien Arbeit engagiert sich Florian als Privatdozent an einer anthroposophischen Kunstschule, wo er Malerei und plastisches Arbeiten unterrichtet. Florian arbeitet am liebsten mit Naturmaterialien und erforscht bei seiner künstlerischen Arbeit spirituell und philosophisch orientierte Themen.

3.4.1 Arbeitsphasen

Während unseres Gesprächs berichtet Florian über Einzelheiten seiner Arbeit. Darin lassen sich folgende Phasen erkennen:

Vorbereitungsphase

ENTSCHEIDUNG FÜR EINE RICHTUNG - MATERIALAUSWAHL
Bevor Florian zu arbeiten beginnt, trifft er zunächst eine richtungsweisende Entscheidung. Dabei legt er fest, ob er "richtungslos" frei, oder thematisch gebunden vorgehen will. Das spielerische Element beschreibt er als wichtigen Bestandteil der Arbeit. Da er gerne mit unterschiedlichen Materialien und Techniken arbeitet, ist auch die Materialauswahl wichtiger Teil seiner Vorbereitungsarbeit.

> *"Es gibt zwei Arten, einmal, dass man ein Thema hat, auf das man hinarbeiten möchte, und das andere ist, dass man überhaupt mit Farbe arbeitet. Manchmal arbeite ich so, dass ich einfach versuche mit Farbe anzufangen und gucke, was sich daraus entwickelt, im Grunde ohne Richtung, mehr spiele, aber schon so spiele, dass es auch Ernst ist. Nicht, dass man sagt: "Jetzt produziere ich irgendwat", (...). Die Wahl, welches Material für ein bestimmtes Motiv zu nehmen, das ist auch eine Entscheidung."*

THEMENFINDUNG
Die Beschäftigung mit bestimmten Themen und damit zusammenhängenden Fragestellungen, ist der Anlass, aus dem bei Florian Bilder entstehen können. Die Themen kommen meistens von außen und aus diversen Bereichen, wie z. B. aktuelle politische Themen, Natur oder anthroposophische

Themen. Überhaupt ist der anthroposophische Gedanke[3] ein grundlegendes Element seiner Arbeit, der diese auch stark bestimmt.

"und das andere ist, dass man Themen hat. (...) Die kommen meistens von außen, wie jetzt für eine Ausstellung über den 11. September, für die wir arbeiten. Klar, man hat ein Thema, versucht das aufzubauen. Oder ich versuche im Moment mich mit den Jahreszeiten zu beschäftigen bzw. weitergehend mit der Imagination, die Steiner zu den Jahreszeiten gegeben hat, die nicht nur äußerlich ist. Äußerlich habe ich mit den Jahreszeiten auch viel gemacht, Farbe und Formen aus der Farbe heraus gefunden, aber jetzt geht es noch ein Stück weiter (...), solche Dinge. Das sind so Motive, mit denen ich arbeite."

ZEIT FÜR ÜBERLEGUNGEN – SKIZZEN
Zeit dafür zu haben, "mit einem Thema innerlich umzugehen", ist Florian bei seiner Arbeit sehr wichtig. Dabei entsteht bereits vor dem eigentlichen Bild, ein Bild in seiner Vorstellung. Skizzen sind ihm als Vorbereitung ganz wichtig, obwohl er weiß, dass die Arbeit am Ende meist anders wird.

"Ich brauche meistens ziemlich lange, bis ich an etwas herangehe. Wenn ich vorbereitet an einem Thema arbeite, gehe ich im Grunde Tage, manchmal Wochen mit dem Thema innerlich um, mache kleine Skizzen (...), hauptsächlich von Farben, das ist das Wichtigste (...), ich mache das Bild innerlich, so in der Vorstellung und dann wird es natürlich, wenn man es macht, doch wieder ganz anders, aber ich glaube, das ist als Vorbereitung ganz ganz wichtig. Ich könnte nicht so plötzlich anfangen, dann bräuchte ich wahrscheinlich 5, 6, 7 Versuche (...)."

Inkubationsphase

AUSPROBIEREN – SUCHE NACH EINER BEFRIEDIGENDEN LÖSUNG
Diese Arbeitsphase beschreibt Florian als schwierig, als "großes Tasten". Eine befriedigende Lösung wird gesucht und letztlich daran erkannt, dass sie in sich und für den Schaffenden "stimmig" ist.

"Das ist schwierig, das ist ein großes Tasten. Manchmal hat man das Gefühl, man ist auf dem richtigen Weg, und manchmal hat man das Gefühl, jetzt ist es spekulativ, aber "es stimmt" dann wieder in sich, und das ist dann der erste Weg da rein, dass man versucht da rein zu gehen, und es ist in sich stimmig. (...). Wie jemand anders es sieht, ist eine andere Sache. Für mich ist es in dem Moment stimmig."

---

[3] Anthroposophie: die von Rudolf Steiner zu Beginn des 20. Jhs. begründete Lehre, nach der der Mensch höhere seelische Fähigkeiten entwickeln und dadurch übersinnliche Erkenntnisse erlangen kann.

Illuminationsphase

Es wurden keine Angaben entsprechend diesem Arbeitsstadium gemacht.

Verifikationsphase

HINTERFRAGEN DER EIGENEN HANDLUNG
In dieser Arbeitsphase hinterfragt Florian seine eigene Arbeit: Was habe ich gemacht? Wie habe ich das gemacht? Teilweise kann er anschließend selbst nicht mehr nachvollziehen wie etwas entstanden ist.

> *"Was hast Du da eigentlich gemacht? und ich kann das hinterher gar nicht mehr so richtig nachvollziehen, wie das eigentlich entstanden ist (...)."*

3.4.2 Zu den Einflussfaktoren künstlerischen Arbeitens

Es folgt eine Darstellung der Aussagen Florians über die Aspekte, die seiner Ansicht nach Einfluss auf seine kreative Arbeit ausüben.

Fördernde Faktoren

GENÜGEND ZEIT, SICH AUF EIN THEMA EINZUSTELLEN – SKIZZEN
Für Florian ist es wichtig, genügend Zeit zu haben, sich innerlich auf ein Thema einzustellen und sich durch Vorarbeiten, langsam dem Thema anzunähern. Dabei entsteht in seiner Vorstellung ein "innerliches Bild" von der Sache, was ihm sehr hilft.

> *"Ich brauche meistens ziemlich lange, bis ich an etwas herangehe. Wenn ich vorbereitet an einem Thema arbeite, gehe ich im Grunde Tage, manchmal Wochen, mit dem Thema innerlich um, mache kleine Skizzen, versuche die Farben zusammen zu stellen, hauptsächlich von Farben, das ist das Wichtigste. (...), ich mache das Bild innerlich, so in der Vorstellung, und dann wird es natürlich, wenn man es macht, doch wieder ganz anders, aber ich glaube, das ist als Vorbereitung ganz ganz wichtig. Ich könnte nicht so plötzlich anfangen, dann bräuchte ich wahrscheinlich 5, 6, 7 Versuche (...)."*

ABWECHSLUNG
Die Fähigkeit variabel mit der Wahl des Mediums umzugehen, erweitert Florians Spektrum an Möglichkeiten, eine bestimmte Idee umzusetzen und begünstigt seine kreative Arbeit, da es ihm Abwechslung bringt. Gleichzeitig erfordert dies erhöhte Sensitivität für die unterschiedlichen Materialien

und Erfahrung im Umgang. Er vergleicht dieses Vorgehen mit dem Verteilen von Rollen unter Schauspielern.

"Wenn ich taste, fühlen sich verschiedene Materialien verschieden an. (...) Ich habe eine Idee und wenn ich die Idee mit Holz zusammenbringe, (...), dann wird die anders werden, als wenn ich sie in Marmor mache. (...) Es ist wie beim Schauspiel. (...), wenn ich eine bestimmte Rolle habe, dann gucke ich: "Passt Du auf diese Rolle? Passt das zusammen?" Trotzdem weiß ich, dass Du die Rolle ganz anders spielen würdest, als jemand anders (..), das Spiel würde ein anderes werden, wenn das jemand anders spielen würde und so sehe ich es auch mit dem Material."

3.4.3 Zur Rolle des sozialen Austauschs für den Schaffensprozess

Es wurden zu diesem Punkt keine Angaben gemacht.

3.4.4 Zur Rolle der eigenen Befindlichkeit für die kreative Arbeit

UNTERDRÜCKUNG ODER VERWANDLUNG INNERER EMPFINDLICHKEITEN
Florian versucht starke Gefühle in Bezug auf seine Arbeit "wegzudrängen". Das Persönliche soll darin möglichst nicht hineinfließen. Gleichzeitig findet er, dass dies schwer zu erreichen ist, weil das Persönliche "immer irgendwo eine Rolle spielt". Er versucht das Persönliche zumindest verwandelt zum Ausdruck zu bringen.

"Wenn das eine Rolle spielt, versuche ich es wegzudrängen. (...), gerade das, was mir ganz wichtig ist, versuche ich von mir wegzunehmen. Dass das natürlich immer irgendwo eine Rolle spielt, ist mir auch ganz klar, aber ich finde es schwierig, wenn man sich darauf beruft, weil im Grunde möchte ich, dass man an so einem Punkt weiterkommt. Wenn ich eine innere Empfindlichkeit nach außen setze, (...), der Anspruch wäre für mich, die zu verwandeln, umzusetzen, weiter zu bearbeiten und vielleicht sage ich es so, nicht einfach nach außen zu kotzen, was es ja auch manchmal gibt. Ich versuche gerade ganz davon wegzukommen. Ob es immer gelingt, das ist natürlich eine andere Frage."

3.4.5 Zu den Ansichten über den Ausdrucksgehalt künstlerischer Mittel

Farbe

GOETHES FARBLEHRE
Florians Arbeit und Umgang mit Farben richtet sich stark nach Goethes Farblehre. Er bringt bestimmte Farben in Verbindung mit Licht, andere in Verbindung mit Finsternis. Durch die Arbeit mit Farben versucht Florian an ganz spezielle Inhalte zu gelangen. Außerdem gibt es für ihn die Skala

des sinnlich Sichtbaren und die Farbskala des sinnlich Unsichtbaren. Die Farbe Grün beschreibt er als komplementär zu der Skala der Inkarnatfarben, als eine sehr vielseitige, sehr lichte Farbe auf der einen Seite und auf der anderen Seite als eine Farbe, die für Eigenschaften wie materiell, berechnend, hart und philisterhaft steht. Die Farbskala Gelb-Rot ist für ihn aktiv, Blau-Violett dagegen passiv. Folgendes Zitat soll Florians Gedanken zu dieser Thematik verdeutlichen:

> *"(...), ich habe mich viel mit Goethe beschäftigt und versuche gerade dieses sehr stark zu erarbeiten: Licht und Finsternis und Farben zum Licht bzw. Farben zur Finsternis und nach Goethe eben: "Was steht vor dem Licht, was steht vor der Finsternis? , mit diesen Farben (...) immer wieder versuche ich an Inhalte über diese Farben heranzukommen (...). Man kann vom Licht, einmal über die aktive Seite mit Gelb-Rot gehen oder man kann vom Licht in die Finsternis über die passive Seite mit Blau-Violett gehen, was natürlich zwei total verschiedene Wege sind (...). Wenn es zum Menschen geht, in die Inkarnatfarben, was sind das für Farben, und was sind die Komplementäre? Das Grün dazu, was so wahnsinnig vielseitig ist, was etwas materiell wirken kann und was Steiner mit sogar bis "philisterhaft" bezeichnet. Das schöne Beispiel, die Billardtische, die müssen grün sein, die könnte man sich nicht violett vorstellen, sondern der muss hart, berechnend sein und da passt Grün ganz deutlich dazu. Aber Grün kann auch eine sehr lichte Farbe sein (...). Da ist eine ganze Bandbreite. (...), und da gibt es einerseits die Farbskala, die mehr für das sinnlich Sichtbare da ist und dann noch die andere sehr schwierige Farbskala der ganzen Inkarnat- und Pfirsichblütefarben, die mehr für das sinnlich Unsichtbare da sind, wo man nur Erahnungen haben kann und mit denen dann aber auch zu arbeiten."*

Form

"POLARITÄTEN: KONKAVEN UND KONVEXEN"

Für Florian stehen auch Formen in Verbindung mit einem bestimmten geistigen Bereich, der entweder leuchtend ist oder dämonisch. Das Ungleichgewicht, das durch Übertreibung der Form in die eine oder andere Richtung (in die Konkaven bzw. in die Konvexen) entsteht, verkörpert für ihn das Dämonische. Die ästhetische Form liegt seiner Ansicht nach immer dazwischen, in der Balance zwischen diesen beiden Polen. Für Florian gehört das Ästhetische zu der sinnlichen Welt und davon fühlen wir uns stark angezogen. Das ist seiner Meinung nach das, was wir sehen und darstellen wollen.

> *"In diesen leuchtend geistigen Bereich, traut man sich eher rein, in das Dämonische ist es schwieriger, (...). Ich kenne das vom Plastischem her, ich übertreibe einfach nur Formgesetzmäßigkeiten in eine Richtung. Wenn ich in eine Richtung nur Konkaven übertreibe, dann wird es total sklerotisch. (...) Eine Form, die alles im-*

mer nur nach innen gesaugt hat, dann werden die Kanten scharf und irgendwann ist das nicht mehr auszuhalten. Bis zu einem bestimmten Punkt kann man das treiben, und dann ist es aber nicht mehr auszuhalten. (...), dann wird sich die Materie irgendwann auflösen, zerbrechen. Umgekehrt, wenn ich das Konvexe immer weiter steigere, kriege ich irgendwelche Blubberformen, das blubbert nur noch, wuchert, das gibt eine richtige Wucherung, und das, was für uns ästhetisch ist, liegt immer dazwischen. Es muss Form haben, aber es darf nicht zu weit Form haben, dann wird es sklerotisch und deswegen sind wir immer so dazwischen. Ich denke, in diese dämonische Welt gehe ich herein, wenn ich (...) entweder die eine oder die andere Seite übertreibe. (...) Sobald wir in der sinnlichen Welt umgehen, ist das Ästhetische frei, da gehen wir mit um. Ich meine, du willst dir ja nicht etwas schreckliches zu Hause hinstellen, da geht man automatisch mit dem Ästhetischen um, (...). Manchmal spielen auch andere Gesichtspunkte eine Rolle, aber im Grunde, gehen wir da sehr stark mit um.(...) In der sinnlichen Welt und wenn man versucht ins Geistige hereinzukommen, gibt es natürlich auch sehr unschöne Sachen, das ist ganz deutlich und da ist mir die Frage manchmal auch gekommen, das Schöne, das wollen wir sehen und darstellen, (...)."

Linie

AUSDRUCK – RHYTHMUS, RAUMGESTALT

Da Florian primär mit Farbe und nur sehr wenig mit Linie arbeitet, zieht er es vor, sich zu diesem Thema kaum zu äußern. In dem Zusammenhang erwähnt er nur, dass für ihn Linien einen Ausdruck und eine Bedeutung haben können.

"Da kann ich nicht so viel darüber sagen, weil ich da so wenig mache. Dass das natürlich einen Ausdruck haben kann, von Rhythmus oder Raumgestalt, das ist ganz klar. (...), aber das geht für mich mehr ins Graphische, das ist nicht so ganz mein Bereich. Das ist schwierig, aber im Prinzip ist das da, dass die Linie eine Bedeutung hat. Da kann man wieder mit Polaritäten arbeiten, nur habe ich mich damit nicht so wahnsinnig viel beschäftigt."

3.4.6. Zu den persönlichen Zielen künstlerischen Arbeitens

Es wurden zu diesem Punkt keine Angaben gemacht.

3.5 Protokoll des Interviews mit Kristin

Das Interview mit Kristin findet im Garten ihres Hauses statt, am Stadtrand gelegen, mitten im Grünen. Hier lebt sie zusammen mit ihren beiden Kindern und hat auch ihre Arbeitsräume eingerichtet. Kristin hat Graphikdesign studiert und arbeitet seit 1997 als freie Malerin. Zusätzlich zu ihrer freien Arbeit bietet sie private Unterrichtskurse an und hat an öffentlichen Kunstprojekten der Stadt mitgewirkt. Zur Zeit unseres Gesprächs arbeitet sie intensiv an einer Tanzfortbildung. Kristin bekundet starkes Interesse an dem Thema dieser Arbeit. Unser Gespräch findet in offener und entspannter Atmosphäre statt.

3.5.1 Arbeitsphasen

Es folgt eine Wiedergabe der Darstellung Kristins über die charakteristischen Merkmale ihrer eigenen Arbeitsweise. Bei Kristin ergibt sich die Besonderheit, dass sie sich ausgiebig zur Vorbereitungsarbeit äußert, nicht aber zu anderen Arbeitsphasen. Ihre Herangehensweise ist insofern ungewohnt, als dass sie so gut wie ausschließlich durch Impulse aus ihrem Inneren bestimmt wird. So sind bei ihr sowohl die Motive ihrer Bilder, als auch ihr Arbeitsprozess selbst, mit persönlichen inneren Werten (z. B. Ruhe und Bewusstheit) verwoben. Es handelt sich bei dem Gespräch mit Kristin um sehr wertvolles Material, insbesondere, weil es deutlich macht, welchen großen individuellen Unterschieden kreative Prozesse unterliegen können. Darüber hinaus macht es auf die Schwierigkeit und vielleicht auch auf die Gefahr aufmerksam, die in dem Versuch liegt, kreative Prozesse durch mentale, eindimensionale Konstrukte beschreiben bzw. erklären zu wollen.

Vorbereitungsphase

ALLES IM LAUFE DES LEBENS WAHRGENOMMENE
Für Kristin gehört im Grunde alles, was sie im Laufe ihres Lebens wahrgenommen hat, zur Vorbereitungsphase ihrer künstlerischen Arbeit dazu. Diese ganzen Eindrücke fließen ihrer Ansicht nach immer in die Arbeit hinein und lassen sich nicht nach Belieben von dieser trennen.

> *"Das Bild ist nur wie ein Ausschnitt. (...). Es ist nichts anderes, als ein Sichtbarmachen von inneren und äußeren Vorgängen, und dazu gehört mein ganzes Leben. Das fängt in dem Moment an, wo ich etwas bewusst oder unbewusst wahrnehme, es fließt beides ein. Das bedeutet, dass alles was ich in meinem Leben aufgenommen habe, letztlich in irgendeiner Form jedesmal in meinen visuellen Ausdruck mit-*

einfließt, ich kann es nicht herausschneiden und deswegen ist die Frage, wie lange ich an einem Bild gesessen habe, sehr relativ zu beantworten."

INNERE AUSEINANDERSETZUNG – GEDANKLICHE VORBEREITUNG

Wichtiger Teil der Vorbereitungsarbeit für Kristin ist die innere Auseinandersetzung. Dabei klärt sie für sich, inwieweit sie bereit und in der Lage ist, sich intensiv mit einem beliebigen Material und Thema zu befassen.

"Die innere Auseinandersetzung findet auch auf gedanklicher Ebene statt. Bin ich bereit mich mit diesem Material in die Tiefe zu bewegen? (...) Die innere Auseinandersetzung ist zweifellos auch an den Inhalt gebunden, d. h.: Welches Thema gibt es, und bin ich bereit und in der Lage, damit zu arbeiten? Ich würde sicherlich nicht jedes Thema bearbeiten wollen bzw. können, weil ich bestimmte Ideen und Vorstellungen zu meiner Arbeit und zu den Dingen, die ich transportieren möchte, habe."

Inkubation, Illumination und Verifikationsphase

s. o.

3.5.2 Zu den Einflussfaktoren künstlerischen Arbeitens

Es folgt eine Darstellung der Aspekte, die nach Kristins Auffassung Einfluss auf ihren Schaffensprozess haben.

Fördernde Faktoren

RUHE, GELASSENHEIT, STILLE

Kristin ist der Ansicht, dass die Stimmungslage stets einen Einfluss auf das menschliche Handeln ausübt. Ihre künstlerische Tätigkeit ist in dieser Hinsicht für sie keine Ausnahme. Besonders eine Stimmung der Ruhe und Gelassenheit spielt für ihre Arbeit eine förderliche Rolle. Ruhe und Gelassenheit haben einen positiven Einfluss auf ihre Produktivität. Auch Stille, die sie als Quelle bewussten Denkens beschreibt, ist für ihre Arbeit sehr förderlich.

"Ich glaube, dass die Stimmungslage oder die Gemütsverfassung immer eine Rolle spielt in allem was der Mensch tut (...) und sicher ist für eine Arbeit, wie ich sie machen möchte, eine gewisse Ruhe und Gelassenheit eine sehr positive, produktive Grundlage. (...) das bewusste Denken kommt in meinen Augen immer aus der Stille (...) und da habe ich meinen Ansatzpunkt."

REDUKTION UND VEREINFACHUNG DURCH WIEDERHOLUNG UND KONTINUITÄT
Wichtig und förderlich für Kristins Arbeit ist es, einen Arbeitsrahmen zu schaffen, in dem Wiederholung und Kontinuität gewährleistet sind. Das Reduzieren und Vereinfachen sind wesentliche Merkmale von Kristins Arbeit. Dadurch will sie Bewusstheit erreichen. Durch diese (aus der Reduktion resultierende) Vereinfachung will sie einen leichteren Zugang zu ihren Bedürfnissen bekommen und viel leichter Entscheidungen bzgl. ihrer Arbeit treffen können.

"Bewusstsein entsteht durch Wiederholung und Kontinuität; durch Wiederholung von Prozessen, sowohl im Außen, z. B. von handwerklichen Prozessen, als auch von gedanklichen Prozessen. Das ist für mich eine Form von Reduktion, von Verlangsamung und Vereinfachung. In dem Moment, wo es in die Vereinfachung geht, ist das für mich eine Form von Bewusstmachen oder Bewusstheit (...); ich habe versucht immer mehr Schichten, die dieses zu viel deutlich gemacht haben, abzugeben, abzustreifen und da sind ein paar einfache Dinge übrig geblieben und mit diesen einfachen Dingen versuche ich, ein Fundament zu bilden (...), weil in dem Moment, wo ich nur ein oder zwei Dinge habe, mit denen ich mich beschäftigen muss, ist es für mich viel einfacher, (...). Ich bin an den Punkt angekommen, wo ich gesagt habe: "Wie kann ich entscheidungsfreudiger, entscheidungsfähiger an die jeweils gestellten Aufgaben herangehen?" und bin darauf gekommen, dass es durch Reduktion viel einfacher ist. (...), durch Reduktion komme ich viel näher an ureigene Bedürfnisse, wenn man so will."

INTEGRATION VON KUNST UND ALLTAGSNOTWENDIGKEITEN
Als förderliche Grundlage ihrer künstlerischen Arbeit beschreibt Kristin die Integration von Alltag und Kunst. Dabei entsteht in ihrem Leben ein Gefühl der Einheit, des Zusammenhangs, was stark zu ihrer Zufriedenheit beiträgt.

"(...) für mich ist das ganze Leben ein Zusammenhang, wo die Dinge, die ich tue, nicht einzeln im Raum stehen, sondern miteinander verbunden sind, so dass, wenn ich ganz banale Tätigkeiten mache, wie (...) oder auch ein Bild male, im besten Falle alles mit der gleichen Intensität und Bereitschaft machen kann, (...) letztlich die Annahme von Notwendigkeiten. (...). Das ist etwas ganz Wichtiges für mich. Ich habe früher eingeteilt in Arbeitszeit und Ferienzeit und diese Zeit und jene Zeit und das war alles etwas voneinander Getrenntes. Bestimmte Erlebnisse gehörten in den einen Bereich und andere in jenen Bereich und ich merke jetzt, wie das für mich im Laufe der Zeit immer mehr ineinandergreift und eine Einheit zwischen Kunst und Leben entsteht. Wenn ich irgendwo am Strand liege, kommen mir genauso Gedanken für meine Bilder, wie wenn ich mein Geschirr spüle, und es ist eine Zufriedenheit da, auch mit diesen Tätigkeiten."

BEWUSSTHEIT – GEISTESGEGENWART
"Präsent zu sein in dem, was sie tut", das ist für Kristin eine sehr förderliche Voraussetzung ihrer künstlerischen Arbeit und gleichzeitig Bestandteil ihrer Grundeinstellung.

"Im Idealfall (...) immer in dem präsent zu sein, was gerade ist, d. h., wenn ich mit Dir spreche, mir nicht zu überlegen, was ich morgen kochen oder einkaufen muss (...) Meditation im Sinne von Integration. (...) Für mich ist es auch Meditation, wenn ich einen Tee trinke, also eine Bewusstheit für immer das herzustellen, was ich gerade tue."

OFFENHEIT UND LEICHTIGKEIT BZW. DAS BERÜCKSICHTIGEN EIGENER BEDÜRFNISSE
Zudem ist für ihre Arbeit eine Unvoreingenommenheit, eine Offenheit sehr von Vorteil, denn dies fördert die Fähigkeit, Neues auszuprobieren. Bei der Arbeit berücksichtigt Kristin ihre eigenen Bedürfnisse, Neigungen und Vorlieben. Sie entscheidet sich bewusst dafür, einen Weg der Leichtigkeit zu gehen, der ihr Freude bereitet. Den anderen Weg, den sie als "durch Schweiß und Tränen gehen" beschreibt, kennt sie zwar auch, hat sich für sie aber als weniger effektiv herausgestellt. Sie zwingt sich nicht dazu mit Dingen oder in einer Art und Weise zu arbeiten, die ihr nicht liegen oder gar widerstreben.

"Wenn ich mit einem Material noch nie gearbeitet habe, gehe ich nicht davon aus, das nicht zu können, sondern versuche mich daran. (...). Ist es für mich möglich mit dem Material zu arbeiten? (...) wenn mir das widerstrebt (...), begebe ich mich damit nicht in den Prozess, und das ist dann immer die andere Seite, die Frage: "Gehe ich durch "Schweiß und Tränen" (...) oder gibt es Möglichkeiten, einen Weg der Leichtigkeit und der Freude zu finden"? (...) und das ist der, der für mich inzwischen effektiver ist, zu sagen: "Das möchte ich" und das in den Vordergrund zu stellen, denn die andere Ebene ("Schweiß und Tränen") ist möglich, aber nicht notwendig."

SENSIBILITÄT
Kristin beschreibt Sensibilität als förderlich für ihre Arbeit. Durch Sensibilität ist sie erst in der Lage, eigene Wünsche und Regungen zu registrieren, wie z. B. Wünsche nach Neuerung und Veränderung. und sei es in Form eines allgemeinen Unwohlseins.

"Sensibilität ist ein Schlüsselwort an der Stelle. (...), es muss vielleicht erstmal so etwas wie ein allgemeines Unwohlsein da sein, (...), das einem signalisiert, dass nun etwas anderes auftauchen soll, und in dem Moment bin ich für mich selbst und mein Empfinden sensibel oder fange an, es zu werden."

Hemmende Faktoren

ÜBERFORDERUNG, VERGLEICH UND BEWERTUNG
Kristin nennt Überforderung als ein Aspekt, der ihre Arbeit negativ beeinflusst. Diese äußert sich für sie in einer Abwesenheit von Sensibilität gegenüber sich selbst. Insbesondere fühlt sie sich durch zu viel, auch zu viel an Möglichkeiten, überfordert. Meist führt sie diese Überforderung zur Entscheidungsunfähigkeit. Dies erlebt sie für ihren Arbeitsprozess als hemmend. Das gleiche Phänomen kennt sie aus der Arbeit mit anderen Menschen. Als hemmend für die kreative Arbeit bezeichnet sie ebenso Vergleich und Bewertung.

> *"Um Überforderung geht es oft. In der Überforderung habe ich keine Sensibilität für mich selbst.(...) und oftmals ist es im Arbeitsprozess mit anderen Menschen auch so, dass sie durch all die Möglichkeiten, die Ihnen zur Verfügung stehen, völlig überfordert sind. Häufig kommt es zu einer Entscheidungsunfähigkeit auf Grund der Menge an Möglichkeiten, die wir haben (...) überall finden Vergleich und Bewertung (...) und oft auch eine Form von Überfütterung und von Überforderung statt (...)."*

STRESS
Stress beeinflusst die kreative Arbeit von Kristin in negativer Weise. Bei Stress sind die Bedingungen nicht gegeben, unter denen sie gut arbeiten kann.

> *"(...) oder anders ausgedrückt, in einer Stresssituation könnte ich vermutlich nur ganz bestimmte Dinge tun, oder vielleicht auch nicht arbeiten, weil ich für meine Arbeit mir bestimmte Formen, bestimmte Grundlagen wünsche."*

ZWÄNGE, ERWARTUNGEN, SORGEN
Kristin berichtet von dem gelegentlichen Gefühl, sich selbst gegenüber äußeren Zwängen und gesellschaftlichen Konventionen unfrei zu erleben, was ihr die Arbeit erschwert. Finanzielle und existentielle Sorgen überschatten dann ihr kreatives Tun. Sie arbeitet daran, diese Dinge immer mehr hinter sich zu lassen.

> *"(...) und dann ist man hin und her gerissen und sagt sich: "Oh Gott! Jetzt muss ich mir unbedingt einen Job suchen, damit es mit dem Geld verdienen schnell klappt!" (...), diese ganzen Dinge, die man darauf setzt, womit man sich selbst zuschüttet, Lebensformen, von denen man glaubt, dass sie zu einem gehören oder gehören müssen, äußere Zwänge, Erwartungen, sowohl die eigenen, als auch die, die von außen kommen, das braucht unglaublich lange Zeit um abzubröckeln und sich zu*

verändern, und das ist auch wiederum ein Aspekt, der ganz stark in meine Arbeit hineinfließt (...)."

3.5.3 Zur Rolle des sozialen Austauschs für den Schaffensprozess

S. Punkt 3.5.6 „Zu den persönlichen Zielen künstlerischen Arbeitens".

3.5.4 Zur Rolle der eigenen Befindlichkeit für die künstlerische Arbeit

STIMMUNG – STETER EINFLUSSFAKTOR DES HANDELNS

Kristin ist der Ansicht, dass die Stimmungslage eines Menschen immer in allem was der Mensch tut, eine Rolle spielt. In dem Zusammenhang ist ihre künstlerische Arbeit für sie keine Ausnahme.

"Ich glaube, dass die Stimmungslage oder Gemütsverfassung immer eine Rolle spielt, in allem was jeder Mensch tut, auch was ich tue, wie ich einem anderen entgegenkomme (...). Es gibt sehr viele Beispiele in der Kunst, wo man die Gemütslage der Künstler wirklich an den Bildern ablesen kann, (...)."

UMGANG MIT NEGATIVEN GEFÜHLEN: NATUR STATT MALEREI

Für Kristin ist es nicht erstrebenswert negative bzw. extreme Gefühle durch Malerei auszudrücken. Es kommt zwar vor, dass sie in schwierigen Situationen malt, aber in der Regel und am liebsten geht sie dann in die Natur, weil sie sich dabei negativen Gefühlen entledigen kann, ohne Spuren zu hinterlassen.

"Aus negativen Empfindungen heraus zu malen, (...), halte ich für mich persönlich für nicht erstrebenswert. Ich kann nicht sagen, dass ich diese Situation nicht habe, aber soweit ich mich erinnern kann, habe ich in solchen Situationen nicht gemalt. Das Gefühl ist eine gute Hilfestellung, ist für mich aber nicht Vehikel. Ich benutze mein Gefühl nicht, um etwas aus mir herauszugeben. Janssen hat vielfach seine besten Bilder im Suff gemalt, in extremen Situationen, (...) das tue ich nicht. Natürlich kommt es auch vor, dass es schwierige Situationen gibt, in denen ich male, insofern widerspreche ich mich im Moment, (...), aber ich kann nicht sagen, dass ich Malerei dazu benutze, um diesen Gefühlen Ausdruck zu geben. Das ist ein möglicher Kanal, aber nicht der einzige. Für viele Künstler ist das der einzige Kanal, um eine Befreiung herzustellen, das ist es für mich nicht. Ich gehe lieber in die Natur. (...). An der Arbeit der letzten Tagen ist mir ganz besonders deutlich geworden, dass das eine Möglichkeit ist, etwas herauszugeben, ohne eine Spur zu hinterlassen."

3.5.5 Zu den Ansichten über den Ausdrucksgehalt künstlerischer Mittel

Farbe

JEDE FARBE HAT EINE WIRKUNG AUF DEN MENSCHEN
Kristin ist der Ansicht, dass sowohl Farbe, als auch linearer Ausdruck, einen Bezug zur jeweiligen Stimmungslage eines Menschen haben. Sie ist der Meinung, dass Farben die Stimmungslage beeinflussen können und dass diese, unabhängig von persönlichen Vorlieben, auch kulturübergreifende und kollektive Bedeutung haben. Sie bringt in Verbindung mit Rot Aufregung, während für sie Blau- und Grüntöne beruhigender sind.

"Ich glaube dass, genauso wie beim linearen Ausdruck, der Bezug zur Farbe mit der jeweiligen Stimmungslage zu tun hat und dass sich die Stimmungslage durch Farbe verändern kann, (...). Jede Farbe hat eine Wirkung auf den Menschen. Rot hat mehr mit Aufregung zu tun, und Blau- Grüntöne sind beruhigender. Es gibt in der Farbsymbolik kulturübergreifende Aspekte (...) und auch da gibt es eine Art von kollektivem Wissen, Bewusstsein oder Unterbewusstsein, was vorhanden ist, wie ein Topf aus dem wir alle greifen, und das Ganze ist für mich selbst wirklich genauso."

KULTURELLE UNTERSCHIEDE
Andererseits ist sie der Meinung, dass persönliche Vorlieben durch den jeweiligen Kulturkreis, in dem man lebt oder mit dem man in Berührung gekommen ist, geprägt werden können. Sie verbindet z. B. die Kombination von Rot und Schwarz mit "asiatischen Vorstellungen" und stellt fest, dass, während sie diese Kombination in ihrer Umgebung nicht favorisiert, diese in Asien oder bei Asienliebhabern sehr beliebt ist.

"Ich kann mir für mich keine Wohnung in Schwarz und Rot z. B. vorstellen. Es gibt Menschen, die, vielleicht in Anlehnung an asiatische Vorstellungen, das gern um sich haben. Ich bin noch nie in Asien gewesen, aber dort gibt es diese Kombination, mit der die Menschen sich sehr wohlfühlen. Das hat andere Assoziationen für sie."

PERSÖNLICH BEVORZUGTE FARBBEREICHE
Persönliche Vorliebe für eine bestimmte Farbe setzt Kristin einem gesteigerten Bedürfnis nach derjenigen Farbe gleich, sowie nach Auseinandersetzung mit dieser. Sie beschreibt die Vorliebe für eine bestimmte Farbe als stark von ihrer jeweiligen Stimmung abhängig. Die Farbwahl geschieht daher bei ihr meist intuitiv. Auf der anderen Seite gibt es für sie Farbbereiche,

die ihr stets ein Gefühl des Wohlbefindens schenken. Diese bezeichnet sie als ihre persönliche Grundfarbwelt.

"Mir fällt gerade ein, dass ich so gut wie noch nie sehr intensiv in der Farbe Rot gearbeitet habe, weil das Bedürfnis, mich damit auseinanderzusetzen, bisher nicht da war. (...) ich kann intuitiv zu einer Farbe greifen, (...), das tun wir, wenn wir ein breites Spektrum an Kleidungsstücken haben: der eine Tag entspricht dem Kleidungsstück mit der Farbe, der andere Tag mehr dem anderen. (...). Im Moment habe ich das Gefühl, es findet eine Art Grundfarbwelt den Einzug bei mir, das sind Blau- und Grüntöne. (...) gleichzeitig sind Farben Ausdruck unterschiedlicher Stimmungen, die sehr stark wechseln können, die aber möglicherweise, (...), zu ganz individuellen, persönlich wohltuenden Farbbereichen gehören. (...), es ist auf der einen Seite ein Experimentieren, ein Ausprobieren, auf der anderen Seite, stelle ich mir die Frage, welche Farbsequenzen für mich gut geeignet sind, um mich darin wohlzufühlen. (...). Es sind Bedürfnisse da, ich reagiere auf bestimmte Farben dann und denke: "Das ist ein schöner Ton." (...), in dem Moment, wo ein verstärktes Bedürfnis in eine Richtung geht, worüber ich mir vielleicht gar nicht so im Klaren bin, nehme ich das, was sonst auch da ist, bewusster wahr. (...). Eine Farbe, ob ich sie nun anziehe oder aufs Papier bringe, die hat schon mit mir zu tun."

REDUKTION

Kristin ist der Meinung, dass in einer Farbe alle Farben enthalten sind. Sie bevorzugt den Umgang mit einem reduzierten Farbbereich, da dies ihr die Arbeit erleichtert und für sie wesentlich angenehmer ist.

"Ich habe im Laufe der Zeit an meiner eigenen Arbeit gemerkt, dass, je mehr ich mich in reduzierte Farbbereiche begebe, (...), um so mehr der zunächst eingegrenzte Bereich sich eröffnet, weiter wird und die ganze Palette an Farben wieder auftauchen lässt. D. h., alle Farben sind auch wieder in einer Farbe drin, aber wenn ich diese in einem Bereich bündele, ist das für mich sehr viel angenehmer auszuhalten, als wenn ich ein Konglomerat von Farben aus vielen verschiedenen Bereichen habe."

Form

VISUELLES REPERTOIRE: KOLLEKTIVES GUT, INDIVIDUELLER AUSDRUCK

Kristin ist der Ansicht, dass alle Menschen über ein ganz bestimmtes visuelles Repertoire verfügen, das sich aus persönlichem Ausdruck und kollektivem Gut zusammensetzt.

"Wir haben eine Art visuelles Repertoire. Im Tanz haben wir auch bestimmte Ausdrucksformen zur Verfügung (...) und genauso ist es im visuellen Bereich. Wir haben da auch eine Art Alphabet für alle. Das ist wie ein kollektives Potential, was bei allen vorhanden ist, was aber jeder ein bisschen anders anwendet. Der Aus-

druck ist individuell, aber das Gut, das wir haben, ist kollektiv (...). Jeder hat in seinem Inneren bestimmte Formen zur Verfügung, und das ist unglaublich spannend. So wie wenn wir mit Selbstverständnis wahrnehmen, dass jeder eine andere Handschrift hat, ist es beim Malen ganz genauso."

Linie, Fläche, Spannung

JEDES BILD SETZT SICH AUS LINIE UND FLÄCHE ZUSAMMEN
Für Kristin sind Linie und Fläche elementare Teile, aus denen sich jedes Bild zusammensetzt. Sie beschreibt, wie im Bild, abhängig davon, wie diese Elemente zueinander stehen, es zu einem bestimmten Spannungsverhältnis kommen kann.

"Wenn ich ein Bild vor mir habe, kommt mir in den meisten Fällen sehr viel entgegen und wenn ich das auseinandernehme, zerlege, bleiben Linie und Fläche übrig. Jedes Bild setzt sich aus Linie und Fläche zusammen. Das sind für mich elementare Teile aus Form und Farbe. In jedem Bild ist in einem bestimmten Spannungsverhältnis der Aspekt der Ruhe oder der Bewegung anzutreffen, und alles wirkt zusammen (...)."

3.5.6 Zu den persönlichen Zielen künstlerischen Arbeitens

BEWUSSTHEIT DURCH DIE ARBEIT MIT INNEREN BILDERN
Für Kristin ist besonders die Arbeit mit Impulsen aus ihrem Inneren sehr wichtig. Sie versucht durch ihre Herangehensweise Bewusstheit zu erlangen und mehr Bezug zum Inneren, zum "Innenraum" herzustellen. Das wiederum erleichtert es ihr, sich vom "Außen" und der damit verbundenen Außenbewertung zu befreien. Es geht ihr dabei darum, eine Ebene des Verstehens, des Akzeptierens und der Bewertungsfreiheit in Bezug auf sich und andere zu erreichen.

"Ich gehe sehr stark von innen heraus. Also, ich arbeite oft mit inneren Bildern, mit anderen Malmethoden wie Blindzeichen usw. und gehe aus dem Inneren ins Außen. (...). Mir geht es um den bewussten Aspekt, dieses bewusste Hingucken. Unbewusst nehmen wir sowieso alles auf, (...) und ich denke, dass da irgendeine Form von Filter eingebaut ist, wie auch immer. (...) Der Ansatz, der Impuls ist bei mir eher aus dem Innenraum, ganz einfach deshalb, weil ich glaube, dass wir viel stärker im Außen leben, als im Innen und es mir darum geht, diesen inneren Bezug herzustellen oder mir dessen bewusster zu werden. D. h., nicht immer im Außen zu vergleichen, (...), sondern dahin zu kommen zu verstehen und auch zu akzeptieren, dass jeder Mensch einen eigenen Ausdruck hat."

VERBINDUNG ZU MENSCHEN HERSTELLEN, MÖGLICHKEIT DER ANNÄHERUNG
Für Kristin fungiert die Malerei als Kommunikationsmedium, als Möglichkeit in Verbindung mit anderen Menschen zu treten. Durch ihre Arbeit möchte sie anderen Menschen näher kommen (vgl. Punkt 3.5.3).

"Für mich ist die Malerei letztendlich ein Vehikel, eine Möglichkeit, ein Medium, um Verbindungen zu Menschen herzustellen, also nicht die Sache so nackt als Sache, als Handwerk nur zu sehen, "nur" in Anführungszeichen, sondern als Möglichkeit der Annäherung."

ETWAS POSITIVES IN DIE WELT GEBEN
Entscheidend für Kristins Arbeit ist die Überzeugung bzw. der starke Wunsch, Positives in die Welt hineingeben zu wollen. Da sie Bilder als Begleiter betrachtet, strebt sie an, Bilder zu schaffen, mit denen sie sich wohlfühlt, die sie gerne um sich hat. Vor allem sollen diese nach Möglichkeit auch für andere Menschen eine wohltuende Wirkung haben.

"Ich habe viel und lange darüber nachgedacht, was es ist, was ich in die Welt geben möchte und wenn ich Bilder oder z. B. diese Arthefte anschaue, kommt mir da sehr viel Zerstörung, Aggression, Leid, Schmerz usw. entgegen. Das sind vielfach Dinge, vielfach Bilder, mit denen es zwar wichtig und interessant ist, in die Auseinandersetzung zu gehen, aber es sind keine Bilder, von denen ich mir wünsche, dass sie mich in meinem Alltag begleiten. Ich empfinde Bilder in gewisser Weise auch als Begleiter. Also, ich versuche eine Form für mich zu finden, in der ich mich selbst wohlfühle. (...). Eine gewisse Ruhe, meditative Form von Ausdruck, liegt meinen Bilder sicherlich zu Grunde. Es tut mir gut das zu machen, das anzuschauen und ich habe eben auch festgestellt, dass es anderen Leuten auch gut tut das anzuschauen und diese Ebene möchte ich eher betreten als die andere, (...). Also, es ist schon mein Anliegen, eine positive Richtung einzuschlagen, sicherlich ohne den Schmerz zu ignorieren, der gehört zu uns, aber dafür andere Formen zu finden."

FLÜSSIGER AUSDRUCK ALS SINNBILD DES ZUSAMMENHANGS UND DER GANZHEIT
Themen wie Zusammenhang, Verbindung und Ganzheit durchziehen Kristins Arbeit. Sie sind auch Bestandteil ihrer Grundeinstellung und ihrer persönlichen Werte. Diese will sie in ihren Bildern gespiegelt sehen.

"Wenn wir einen Brief schreiben, hat es einen in der Graphik nennt man das Duktus, also, einen durchgängigen Ausdruck oder auch nicht. Die Schrift kann total auseinanderfallen, (...) oder man sieht, dass da ein sehr flüssiger Ausdruck zustande kommt. Genau das Gleiche gibt es natürlich auch, wenn ich einzelne Bilder in einer Ausstellung betrachte. Manchmal atmen die Bilder quasi miteinander, eine Idee wird deutlich, der Mensch, der dahinter steht, wird deutlich oder aber ich habe lauter Einzelteile, als ob es zerfällt. Unzusammenhängend kommen mir Bilder entgegen und ich mag das ja gerne diese Übertragung, das ist etwas, was beim ein-

zelnen Menschen auch so ist. Ich kann beobachten, inwieweit Handlungen und Worte mit dem Menschen übereinstimmen, inwieweit derjenige eine Ganzheit bildet."

3.6 Protokoll des Interviews mit Marcus

Das Interview mit Marcus findet in seinem Wohnatelier in Hamburg statt. Marcus empfängt mich in freundlicher Atmosphäre, zeigt mir zunächst einige seiner jüngsten Arbeiten. Er ist neugierig auf das Interview und für das Thema sehr aufgeschlossen. Marcus ist freiberuflich als Kunstmaler tätig. Er hat Graphikdesign an der Fachhochschule für Gestaltung in Hamburg studiert und hat parallel dazu regelmäßig an Kursen für Malerei teilgenommen. Charakteristisch für seine heutigen Arbeiten ist eine Mischtechnik aus moderner, in der Regel Schwarzweiß-Fotografie und klassischer Ölmalerei. Zusätzlich zu seiner freien Arbeit ist Marcus in der Lehre an einer Behinderteneinrichtung tätig, wo er Malunterricht an künstlerisch begabte Jugendliche und Erwachsene erteilt.

3.6.1 Arbeitsphasen

Während des Interviews berichtet Marcus über einzelne Aspekte seiner persönlichen Schaffensweise, die in Kürze dargestellt und erörtert werden.

Vorbereitungsphase

AUSBILDUNG
Durch eine lange und fundierte Kunstausbildung entwickelt Marcus bereits vorhandene künstlerische Neigungen weiter. Das erworbene Wissen nicht anzuwenden, wäre für ihn sehr unbefriedigend.

"Ich habe sehr lange Aktzeichnen und andere Dinge gemacht und wenn man diese Fähigkeiten hat, ist es sehr unbefriedigend sie brachliegen zu lassen, dann möchte man sie anwenden (...)."

OFFENHEIT DER WAHRNEHMUNG – VISUELLE ANREGUNG
Die Situationen, die Marcus zu Bildern anregen, können alltäglich und sehr verschieden sein. Grundsätzlich gehört aber eine Art Bereitschaft dazu, eine Offenheit, die mit erhöhter Aufmerksamkeit und Sensitivität für die Umgebung einhergeht. Diese Einstellung ermöglicht es ihm, in alltäglichen Situationen Dinge intensiv wahrzunehmen, sich "angesprochen" zu fühlen. Wenn er auf etwas trifft, was ihn reizt, was sein Interesse weckt, hält er es mit Hilfe der Kamera fest, um es später weiterzubearbeiten.

"(...) es muss mich irgendwie ansprechen, etwas in mir auslösen. Ich muss plötzlich Interesse an diesem Ort haben, dass ich denke: "Den muss ich fotografieren, das

muss die Grundlage für ein Bild werden", aber was das genau ist, kann ich nicht näher beschreiben, als eben mit Interesse. (...) Ich habe einer Freundin beim Umzug geholfen und hatte meine Kamera dabei. Ich bin mit den Sachen die Stufen hochgegangen und habe jedes Mal gedacht: "Mensch, das sieht irgendwie gut aus! Das würde ich gerne fotografieren, um eine Figur in dieses Treppenhaus zu stellen".(...). Und als ich einmal heruntergegangen bin, habe ich eben keine Sachen, sondern meine Kamera geholt und das dann fotografiert."

Inkubationsphase

SCHAFFENSKRISE

Marcus beherrscht auf akkurate Weise die klassischen Techniken der Ölmalerei, diese stellt ihn aber bald nicht mehr zufrieden. Er verspürt in sich den Wunsch, anders zu arbeiten, etwas Neues zu probieren, weiß aber weder, was das sein sein soll, noch wie er es realisieren kann. Viele Überlegungen und tiefe Verzweiflung gehen der Entscheidung voraus, mit der Malerei ganz aufzuhören. Er geht in eine andere Stadt und nimmt ein neues Studium auf. Rückblickend ist er der Meinung, dass diese Krise, dieser Bruch mit der Kunst, ihn zur Entdeckung einer neuen Arbeitstechnik geführt haben, was ihm wiederum mit seiner Berufswahl versöhnt. Diese Zeitspanne der Suche, bezogen auf das Gestalten der eigenen beruflichen Bahn und auf einer übergeordneten Ebene, kann man bei Marcus als Inkubationsphase betrachten.

"Ich habe sehr lange Zeit ganz konventionelle Ölmalerei gemacht, (...), das hat mich aber nie wirklich befriedigt. (...) Ich hatte immer das Gefühl, dass es nicht das ist, was mich eigentlich beschäftigt und habe erst später, diese Technik entwickelt, dass ich Fotografien als Grundlage für die Malerei nehme. Vorausgegangen ist dem eine Krise, (...) es ist so gewesen, dass ich gedacht habe: "Gut, ich höre auf mit der Kunst", (...), weil ich bei dieser einfachen Art der Malerei keine Form gefunden habe, das für mich interessant zu gestalten, (...) und es ging mir sehr schlecht in der Zeit. Wenn man eine Lebenshoffnung, einen Lebenswunsch quasi aufgibt und sich sagt, dass man etwas anderes machen muss, wo man das Gefühl hat, es liegt einem nicht, ist es natürlich sehr schwierig. Ich bin dann nach Mainz gegangen und habe ein neues Studium begonnen: Philosophie, Anthropologie und Ethnologie."

VIELE VERSUCHE – KEINE BEFRIEDIGENDE LÖSUNG

In dieser schwierigen Zeit, die in eine Krise mündet und Marcus fast zum Berufswechsel führt, probiert er viel aus, jedoch ohne Erfolg. Er will sich von der konventionellen Form der Ölmalerei lösen und etwas Neues finden, aber seine Versuche bleiben für ihn unbefriedigend. Rückblickend erkennt

Marcus, dass sein heutiger Stil sich in früheren Arbeiten deutlich ankündigt, "das Richtige" aber konnte er erst später finden.

"Und an diesen ganzen Dingen sieht man im Grunde genommen, dass ich sehr versucht habe, etwas zu machen, was unkonventioneller ist, aber es hat alles nicht funktioniert. Ich hatte immer das Gefühl, das sind alles komische Behelfsmöglichkeiten und nie irgend etwas, was wirklich gut ist."

UNBEWUSSTE PROZESSE
Marcus bezeichnet diesen Teil seines kreativen Arbeitsprozesses als nach außen hin unsichtbar, als ein Zeitraum, wo dem Anschein nach nichts passiert, "wo aber doch viel passiert". Erkennbar wird dies für ihn daran, dass es anschließend weiter geht, wenn die richtige Idee "ausgereift" ist.

"Ich glaube, dass in solchen Phasen ganz viel passiert, gerade wo man meint, dass da nichts passiert und dass da innerlich sich sehr viel vorbereitet und neu formiert. Man merkt das daran, dass es irgendwann wieder weitergeht. (...). Wahrscheinlich bereitet man so etwas schon irgendwie vor oder so im Untergrund, wo Ebenen zusammenkommen, die nicht zusammengehören und ja erst mit der Fotoidee ist es dann wirklich ausgereift gewesen."

Illuminationsphase

ZUFALL, VERSEHEN, LÖSUNG
Marcus beschreibt wie aus Fehlern, wenn er in der Lage ist, diese in den Arbeitsprozess erfolgreich zu integrieren, es zu überraschenden und befriedigenden Lösungen, zu etwas Neuem, kommt. Das Neue kann u. U. für die weitere künstlerische Entwicklung richtungsweisend sein. In jedem Falle erfordert die Fähigkeit zur Integration von eigentlichen Versehen, Zufällen, Missgeschicken u. ä. viel Offenheit und Flexibilität.

"Ich habe die Erfahrung gemacht, (...), dass gerade aus Fehlern, neue Situationen entstehen, die man nicht vorhergesehen hat. Wenn man aber versucht, diesen Fehler in die Arbeit zu integrieren, etwas aus der Situation zu machen, obwohl es einen Mangel gibt, dann entsteht, gerade aus diesem Mangel, etwas Neues oder eine neue Möglichkeit. (...). Ich habe versucht, das Foto zu retuschieren, (...) und beim Retuschieren, habe ich eigentlich einen Fehler gemacht. Ich habe versucht den auszugleichen und dadurch festgestellt, dass man Ölfarbe auf Fotos ganz dünn auftragen kann und bin so auf diese Idee gekommen! (...), aus einem Fehler, weil ich nicht richtig entwickeln konnte, aus diesem Mangel, ist etwas neues entstanden (...). Wir sind ja angeblich auch nur eine Summe von Fehlern, obwohl ich mir das nicht so recht vorstellen kann (...), aber in der Kunst funktioniert es ja so (...)."

DURCH DEN ARBEITSPROZESS ETWAS NEUES ENTDECKEN

Marcus erlebt das Finden dieser unerwarteten und befriedigenden Lösungen als unmittelbar mit dem Tun verbunden. Diese Lösungen entstehen bei ihm nicht durch Überlegungen, sondern aus der direkten Handlung, aus der Arbeit heraus. So sind z. B. für seine Malerei ganz charakteristische, abstrakte Objekte entstanden, die etwa an Flugobjekte erinnern.

"Bei dem Bild sollte das ursprünglich ein Boot werden, (...), da hatte ich irgendwann Mal zwischen dem Bootuntergrund und dem Schatten die Farbe weggewischt, und in dem Moment ist so das erste Objekt entstanden! Ich werde oft gefragt, wie ich zu diesen komischen Dingern, zu diesen Objekten gekommen bin (...). Das ist nur so aus der Arbeit entstanden, aus einem Versehen, einem Zufall, aus so einem Moment heraus. Ich habe mich nicht hingesetzt und überlegt, wie ich das mache, sondern das ist etwas, was ganz stark mit dem Arbeitsprozess verbunden ist."

WEG AUS DER SACKGASSE

Auch das letztliche Finden einer Arbeitsweise, die ihm sehr entspricht und ihm befriedigt, nachdem er seinen Traum, als Künstler zu arbeiten, fast aufgegeben hatte, gehört in diese Phase. Seitdem Marcus sich dazu entschließt, etwas vollkommen anderes zu machen, bekommt er unerwartet eine Idee, die ihn zum Malerberuf "zurückbringt".

"Wenn man eine Lebenshoffnung, einen Lebenswunsch quasi aufgibt und sich sagt, dass man etwas anderes machen muss, wo man das Gefühl hat, es liegt einem nicht, ist es natürlich sehr schwierig. Ich bin dann nach Mainz gegangen und habe ein Studium begonnen: Philosophie, Anthropologie und Ethnologie. (...) und habe dann aber die Idee gehabt: "Vielleicht sollte ich eben gar nicht auf Leinwand malen, sondern auf Fotografie!", erst Mal irgendwie so eine Idee, die ich damals hatte, und dann habe ich damit angefangen (...)."

Verifikationsphase

PRÜFUNG UND BEWERTUNG DER EIGENEN ARBEIT – BEI NEGATIVER BEWERTUNG VERÄNDERUNGEN

Bei abschließender negativer Eigenbewertung des Geschaffenen, arbeitet Marcus am Bild zunächst weiter und es versucht durch Korrekturen so zu verändern, dass er damit zufrieden wird. Bei anhaltender negativer Bewertung, d. h., wenn trotz vieler Korrekturen und neuer Schichten die Arbeit seinem Anspruch immer noch nicht gerecht wird, wirft er diese weg.

"(...) dann war das Bild eigentlich fertig und als ich zu Hause war, dachte ich: "Irgendwie ist diese Landschaft so langweilig!" Ich habe dann diese Frauen da rein

gemalt und so getan, als wenn das dahinter eine Tapete ist und sie vor der Landschaft sitzen (...). Das Bild hier auf dem Foto gibt es gar nicht mehr, weil ich es übermalt habe. Ich habe es damals fotografiert, dann fand ich aber, dass die Figur nicht darein passte. Irgendwie wirkte die zu groß, ich fand es dann nicht mehr schön und habe es einfach übermalt. Sogar nach der Übermalung hat es nicht wieder ausgesehen. Ich habe es dann weggeworfen."

3.6.2 Zu den Einflussfaktoren künstlerischen Arbeitens

Es folgt eine Darstellung von Marcus Aussagen über die Aspekte, die einen Einfluss auf seine Arbeit haben.

Fördernde Faktoren

GELINGEN UND ERFÜLLUNG
Wenn die Arbeit als gelungen empfunden wird, ruft dies in Marcus unmittelbar einen sehr angenehmen Zustand der "erschöpften Entspannung" hervor, "einer der angenehmsten Zustände überhaupt". In dem Gefühl dieser starken Befriedigung und Erfüllung, sieht er eine Motivationsquelle für sein Schaffen, was dies fördert. Diese angenehmen Zustände sieht er als Auslöser für "das Gefühl, gleich das Nächste ausprobieren zu wollen", als treibende Kraft. Er vergleicht diesen Status mit seiner Vorstellung davon, Drogen eingenommen zu haben.

"Wenn ich etwas gemacht habe und das Gefühl habe, dass es gut geworden ist, fühle ich mich auf eine erschöpfte Weise irgendwie sehr entspannt und gelöst. Das ist ein sehr angenehmer Zustand, (...), einer der angenehmsten Zustände überhaupt, (...) und das ist wahrscheinlich das, was für einen die Bedeutung der Kunst so stark ausmacht. (...), dass man als Künstler einen ganz starken Bezug zu seiner Kunst entwickelt, dass es einem so wahnsinnig wichtig ist, Kunst zu machen, und ich glaube, das ergibt sich aus diesem Gefühl der Befriedigung, was man danach hat. (...) Körperlich entspannt und sehr zufrieden, gleichzeitig aber auch irgendwie motiviert; gleichzeitig gibt es irgendwie eine Quelle, eine Idee und eine Hoffnung, dass man das gleich wieder machen zu wollen, gleich das Nächste ausprobieren zu wollen. Es eröffnet sich einem in dem Moment eine ganz weite Welt, wenn einem etwas geglückt ist, weil man dann denkt: "Das ist mir jetzt geglückt und es geht wahrscheinlich immer so weiter", was ja dann meistens nicht der Fall ist und ja, man macht trotzdem weiter. Ich habe nie Drogen genommen, aber es ist vergleichbar damit."

GEFÜHL VON PRODUKTIVITÄT
Das Gefühl, produktiv zu sein, selbst etwas geschaffen zu haben und ein Ergebnis zu sehen, ist für Marcus eine große Quelle der Freude und Erfüllung. Die positiven Kräfte, die er in diesem Zusammenhang aus der kreati-

ven Tätigkeit bezieht, motivieren ihn weiterzumachen. Er möchte auf das Gefühl der Produktivität in seinem Leben nicht verzichten.

"(...) es ist mir so wichtig geworden, diese Kunst zu machen, diese Bilder zu malen und mit diesem Gefühl der Produktion zu leben, dass man etwas produziert, etwas selbst herstellt und am Ende ein Ergebnis sieht, was einen so erfüllen und so erfreuen kann, dass ich darauf gar nicht mehr verzichten möchte. (...). Wenn man etwas gemacht oder selbst entwickelt hat, was ganz viel mit einem Selbst zu tun hat und wo man ganz starke Erfüllung und Befriedigung findet, führt das dazu, dass man nicht mehr darauf verzichten möchte (...)"

FLEXIBILITÄT UND OFFENHEIT DES ERGEBNISSES

Marcus gibt an, bei Fehlern, Pannen, unzureichendem Können oder sonstigen Schwierigkeiten, sich nicht entmutigen zu lassen. Er hat die Erfahrung gemacht, dass gerade aus schwierigen Situationen, etwas Neues entstehen kann. Daher versucht er, aus ungünstigen Situationen das Beste zu machen und Alternativen zu finden, um flexibel mit den vorhandenen Mängeln umzugehen. Die Fähigkeit, "Fehler" in die Arbeit zu integrieren, fördert sein Schaffen und das Finden neuer, eigener und origineller Lösungen, was ihn wiederum stark motiviert. Das Neue wird oft gleich ausprobiert und umgesetzt.

"Ich habe die Erfahrung gemacht, (...), dass gerade aus Fehlern, neue Situationen entstehen, die man nicht vorhergesehen hat. Wenn man aber versucht, diese Fehler in die Arbeit zu integrieren, trotzdem etwas aus der Situation zu machen, obwohl es einen Mangel gibt, dann entsteht gerade aus diesem Mangel etwas Neues oder eine neue Möglichkeit. (...) und beim Retuschieren, habe ich eigentlich einen Fehler gemacht, habe versucht den auszugleichen und dadurch habe ich festgestellt, dass man Ölfarbe auf Fotos ganz dünn auftragen kann und bin so auf diese Idee gekommen! (...) aus einem Fehler, weil ich nicht richtig entwickeln konnte, aus einem Mangel, ist etwas Neues entstanden (...) und so kann es sein, wenn man beim Beispiel mit der Kuh bleibt: Ich gehe auf die Weide, finde keine Kuh, (...) und das ist alles nicht richtig, dann fotografiert man irgend etwas anderes, was sich einem anbietet, und daraus entsteht wieder etwas Neues, (...)."

"DAS RICHTIGE" FÜR EINEN SELBST TUN

Aus dem Gefühl, etwas Neues und eigenes zu machen, schöpft Marcus tiefe Zufriedenheit. Er berichtet darüber, wie er ab dem Moment, wo er plötzlich keine Zweifel mehr hat, auch keine Bekräftigung mehr von Außen benötigt. Er "weiß", dass er nun auf dem richtigen Weg ist. Es ist seine große Zufriedenheit, die ihm die Gewissheit vermittelt, "das Richtige" zu tun.

"Das war eine ganz entscheidende Erfahrung für mich, (...) weil Selbstzweifel, die hatte ich nur vorher, und es hat niemanden gegeben, (...), der gesagt hat: "Das ist aber gut! Oder das ist eine ganz tolle Sache, da musst Du unbedingt weitermachen", sondern die Zweifel waren einfach weg! Plötzlich, in dem Moment, war ich einfach irgendwie sicher. Ich hatte einfach die Gewissheit, (...), dass es etwas ist, was mich erfüllt und was sehr viel mehr für mich und mein Gefühl trägt. Ich war plötzlich sicher, das ist jetzt gut. Es hat eine intellektuelle, emotionale und künstlerische Qualität, die so sehr viel für mich abdeckt, die Tiefe und Substanz hat und das hatte ich vorher nicht. Vorher hatte ich das Gefühl, ich male so, wie schon seit Jahrhunderten und tue im Grunde gar nichts Neues. Das war für mich die Vorstellung: "Jetzt mache ich etwas Neues, was ich in dieser Form noch nicht gesehen habe und was ich selbst entwickelt habe." Darin lag diese tiefe und große Befriedigung."

KONZENTRATION

Förderlich für seine Arbeit findet Marcus, wenn er, frei von Ablenkungen, sich ganz auf diese konzentrieren kann. Selbst wenn konzentriertes Arbeiten nur für einen begrenzten Zeitraum möglich ist, merkt er wie sein Arbeitsprozess stark davon profitiert.

"Man merkt es dann, wenn man sich z. B. zwei Monate vornimmt: "Jetzt mache ich zwei Monate nur das", da sieht man, was für einen Zug das bekommt und wie man plötzlich wie von Selbst angeschoben wird."

ERFAHRUNG

Auch eine gewisse Erfahrung zu haben, ist etwas, was Marcus für seine Arbeit als förderlich beschreibt. In kritischen Zeiten, wenn die Arbeit nicht so leicht von der Hand geht, hilft Erfahrung ihm dabei, die "schlechten Zeiten durchzuhalten", in dem Wissen, dass auch bessere Zeiten wieder kommen und umgekehrt. Erfahrung hilft ihm dabei, im Auge zu behalten, dass gute Phasen ebenso endlich sind.

"(...) wenn mir mal ein Bild nicht gelingt, ist es nicht so schlimm, aber wenn sich das über Wochen oder Monate hinzieht, kann das sehr unangenehm werden und sich sehr schlecht anfühlen, aber man wird ja auch immer älter und kriegt mehr Erfahrung und wenn es sich dann schlecht anfühlt, kann man sich ja mittlerweile sagen: "Gut". Man weiß eben schon, es gibt solche Phasen, und die gehen vorbei, dann wird es wieder besser und wenn es gut ist, weiß man auch schon, es gibt auch wieder andere Phasen. Man findet sich irgendwo in der Mitte ein, findet einen Weg, mit all diesen Dingen umzugehen, mit der Freude und dem Leid."

MANUELLE UNRUHE

Wenn Marcus eine längere Zeit nichts malt, macht sich bei ihm eine Art manuelle Unruhe bemerkbar, die ihn zur Malerei treibt.

"Es wäre Schade, wenn ich sagen würde: "Jetzt mache ich nur noch Fotografie, weil ich dieses manuelle Bedürfnis habe. Das ist wie eine Unruhe, die man in den Händen, an den Fingern hat. Man denkt, man muss jetzt irgendwie pinseln oder irgendwas machen (...)."

Hemmende Faktoren

Absorbierende, kraft- und zeitraubende Tätigkeiten

FAMILIÄRE UND SOZIALE VERPFLICHTUNGEN

Marcus beschreibt, wie er auf der einen Seite das starke Bedürfnis verspürt, intensiv zu arbeiten, was Stille und Zurückgezogenheit fordert und auf der anderen Seite viel Zeit und Kraft für die Pflege sozialer Kontakte aufwendet, was auf Kosten seiner Produktivität geht. Diese unterschiedlichen Bedürfnisse harmonisch zu vereinen, fällt ihm schwer. Er befindet sich oft im Konflikt und hat dabei ständig das Gefühl, zu wenig für die künstlerische Arbeit zu tun.

"Ich habe immer das Gefühl, dass ich zu wenig mache und würde mir wünschen, dass ich mehr Zeit hätte, aber es gibt andere Dinge: familiäre Verpflichtungen oder dass man sich mit Freunden treffen will. Es gibt immer diesen Konflikt, diesen Zwiespalt, in dem man sich befindet: die Angst davor zu vereinsamen, und was man dagegen tut, ist eben sich mit Freunden treffen, was ja alles Zeit und Mühe kostet. Und der Wunsch in Einsamkeit zu arbeiten, dafür brauche ich Stille oder Zurückgezogenheit und dass es eben keine oder zumindest nicht so viele Kontakte gibt. Das ist immer ein Konflikt. Ich verbringe relativ viel Zeit damit, mich mit Freunden zu treffen oder andere Dinge zu tun und denke dabei immer, dass ich zu wenig für meine Kunst mache, (...)."

ABLENKUNG, UNTERBRECHUNG UND ÜBERLASTUNG DURCH NEBENBERUFLICHE TÄTIGKEITEN, ALLTAG U. Ä.

Marcus übt eine Nebentätigkeit im sozialen Bereich, als Leiter einer Malgruppe, aus. Obwohl es vorkommt, dass er bei der anspruchsvollen Tätigkeit zu viel arbeitet, bemüht er sich darum, immer wieder den Schwerpunkt seiner Aktivitäten auf die Malerei zu legen. Gelingt ihm dies nicht, so leidet seine kreative Arbeit stark unter der zusätzlichen Beanspruchung. Er findet den geistigen Anschluss an die Arbeit nur schwer wieder. Das gleiche gilt für andere Formen der Ablenkung, z. B. durch alltägliche Tätigkeiten wie einkaufen, putzen, waschen u. ä.

"Wenn ich mehr als drei Tage in der Woche etwas anderes als meine Kunst mache, komme ich nicht wieder rein. Es gibt ein bestimmtes Maß an Zeit, (...), dann darf ein bestimmter Prozentsatz nicht darunter gehen, wo ich meine eigene Kunst ma-

che, sonst verliere ich den geistigen Anschluss daran und brauche plötzlich, wenn ich z. B. drei Tage bei den Schlumpen arbeite, einen Tag um überhaupt wieder reinzukommen (...). Und wenn der eine Tag vorbei ist, bleiben schon wieder nur noch zwei übrig. Da muss man noch Wäsche waschen oder einkaufen, und dann geht es plötzlich nicht mehr. (...), zwei Tage ist das Maximum. (..) Man verliert sonst wirklich den Anschluss, auch gedanklich, geistig."

WENIG BEFRIEDIGUNG: EINE ARBEIT, DIE EINEN "NICHT WIRKLICH BESCHÄFTIGT"
Hemmend für Marcus ist es, sich mit etwas zu beschäftigen, was ihn nicht interessiert. Er berichtet von Zeiten, als er sich mit Fragen der konventionellen Ölmalerei beschäftigte, obwohl das für ihn nie besonders befriedigend war, über die Berufskrise und den Anlauf eines Berufswechsels.

"(...) und ich habe sehr lange Zeit ganz konventionelle Ölmalerei gemacht (...). Das hat mich aber nie wirklich befriedigt. (...) ich hatte immer das Gefühl, dass es nicht das ist, was mich eigentlich beschäftigt (...), es ist so gewesen, dass ich gedacht habe: "Gut, ich höre mit der Kunst auf, (...), weil ich bei dieser einfachen Form der Malerei, (...), keine Form gefunden habe, das für mich irgendwie interessant zu gestalten. (...) und es ging mir sehr schlecht in der Zeit. Wenn man eine Lebenshoffnung, einen Lebenswunsch quasi aufgibt und sich sagt, dass man etwas anderes machen muss, wo man das Gefühl hat, es liegt einem nicht so, dann ist es natürlich sehr schwierig (...)."

3.6.3 Zur Rolle des sozialen Austauschs für den Schaffensprozess

DIE EIGENE KÜNSTLERISCHE POSITION BESTIMMEN
Für Marcus ist ein fachlicher Austausch sehr wichtig, um sich zu orientieren bzw. seine eigene künstlerische Position zu bestimmen.

"Es ist natürlich schon so, dass man sich immer sehr stark an der anderen Kunst orientiert und von der lernt, und das ist ja die Frage, wie man die eigentliche künstlerische Position bestimmt. Dazu ist es natürlich von Vorteil, die Kunstgeschichte zu kennen, aber auch zu wissen, was Leute aus meiner Generation, in meiner Umgebung machen und wo ich mich da einordnen kann oder was in der Kunst im Moment passiert, das ist schon wichtig."

3.6.4 Zur Rolle der eigenen Befindlichkeit für die kreative Arbeit

WECHSELWIRKUNG ZWISCHEN ERGEBNIS DER ARBEIT UND STIMMUNG
Marcus berichtet von einer schweren Phase, in der er von starkem Erfolgsdruck, Zweifeln und Ängsten heimgesucht wurde. Trotz seines intensiven Bemühens werden seine Arbeiten seinen eigenen Bewertungskriterien nicht gerecht. Diese Phase also wird von vielen gescheiterten Versuchen beglei-

tet und zieht sich über einen längeren Zeitraum hin. Es ist möglich, dass die wiederholten Misserfolge, der Erfolgsdruck und die Versagensängste ein angespanntes psychisches Klima begünstigt haben. Marcus beschreibt, wie seine Anspannung mit jedem gescheiterten Versuch wächst, bis es schließlich zu der schlimmsten Krise seines bisherigen Lebens kommt. In der Zeit leidet er unter häufigen Panikattacken.

"Wenn es nicht gelingt, ist das erstmal nicht so schlimm, es ist irgendwie zum Verzweifeln, aber nicht so schlimm, (...). Erst wenn ich (...) ein paar Tage später ein zweites Bild beginne und das auch nicht gelingt und wenn auch das Dritte nicht gelingt, dann kommen natürlich langsam Zweifel: "Gelingt es überhaupt jemals wieder? (...) Es wird gleich alles auf die Ewigkeit hinprojiziert und genauso wie das einen anheben kann, kann es einen auch sehr herunterziehen und ja, dann kommen oft sehr schwere Phasen. Vor zwei Jahren habe ich eine ganz schwierige Zeit gehabt, vielleicht die schwierigste in meinem Leben. Da habe ich Angstzustände kennengelernt. (...), das waren Panikattacken. (...) ich habe lange damit gekämpft und gearbeitet, (...), bis ich mich wieder richtig am Leben erfreuen konnte (...), ohne Angst davor zu haben, dass die Angst wieder auftaucht, (...), aber auch das sind ja alles Dinge, die nicht nur Künstler treffen."

3.6.5 Zu den Ansichten über den Ausdrucksgehalt künstlerischer Mittel

Farbe und Linie

Auf Grund der Natur seiner Arbeit, die stark von der Fotografie bestimmt wird, herrscht in Marcus Arbeiten schwarzweiß vor. Er beschreibt die Relevanz, die die technische Seite bei der Wahl von schwarzweiß spielt, denn es ist ihm wichtig, dass die Arbeiten lange haltbar sind, was die Farbfotografie nicht gewährleistet. Marcus äußert sich nicht viel zur Linie, weil diese in seiner Arbeit eine untergeordnete Rolle spielt. Aus dem Grund werden an dieser Stelle beide Aspekte zusammengefasst.

"Linie und Farbe und die Art und Weise, wie sie gesetzt werden, das hat auf jeden Fall einen ganz wesentlichen und starken Ausdrucksgehalt."

"Ich habe früher nur farbig gemalt, (...) und hatte immer das Gefühl, mit Farben recht gut zurechtzukommen. Dass ich bei Schwarzweiß gelandet bin, hängt nicht damit zusammen, dass ich keinen Bezug oder kein Bedürfnis nach Farbe hätte.(...). Ich zögere mit dieser Farbe, aus technischen Gründen, (...). Wenn ich Farbbilder bemale, sehe ich die Gefahr, dass sie ausbleichen, (...) und sich das Motiv von der Malerei trennt. (...). Das reizt mich sehr an Farbe, darum mache ich es jetzt auch, aber ich werde schwarzweiß weitermachen, weil ich weiß, dort sind die Bilder relativ konstant. Die bleiben so, wie ich sie gemeint habe und das ist schon sehr

wichtig, denn wenn ich etwas auf ein Bild male, muss es genau zu diesem Bild passen. Ich passe die Schwarzweiß-Töne immer an die Töne der Schwarzweiß-Fotografie an, (...), damit sich das genau verbindet, (...). Das wäre bei Farb-Fotografie nicht wirklich sicher, dass das dauerhaft hält. Es ist mein Wunsch, dass meine Bilder lange halten."

3.6.6 Zu den persönlichen Zielen künstlerischen Arbeitens

Auseinandersetzung mit einer bestimmten Fragestellung

EINHEIT UND TRENNUNG ALS MENSCHLICHES THEMA
Durch seine Arbeiten thematisiert Marcus Einheit und Trennung. Dabei versucht er Ebenen zusammen zu bringen, die seiner Ansicht nach nicht zusammen gehören. Er sieht darin eine Analogie zur Situation des Menschen auf der Welt.

"(...) und mein Wunsch war damals, ein Bild herzustellen, wo etwas hineingemalt ist, was nicht in dieser Landschaft ist, etwas, was isoliert ist oder aus einem anderen Material besteht. Also, dass dort die Fotografische und die malerische Ebene, nicht wirklich zusammenkommen, aber trotzdem ein Motiv ergeben, so wie man sich als Mensch vielleicht empfindet: Als etwas in die Welt Gestelltes und irgendwie Besonders (...) und diese Trennung zwischen der Welt und dem Subjekt, die auch nicht wirklich besteht, (...), das war bei dieser Form der Malerei und Fotobemalung ursprünglich mein Gedanke."

EINHEIT UND TRENNUNG VON MALEREI UND FOTOGRAFIE
In seiner Arbeit versucht Marcus Gegensätze auf verschiedene Art und Weise zu verbinden. Malerei und Fotografie sollen eine Einheit bilden und dennoch als einzelne Elemente wahrnehmbar bleiben.

"(...), ist das Wichtigste in meiner Malerei, dass diese mit der Fotografie eine Einheit bildet, man aber trotzdem erkennen kann, dass es sich um Malerei und Fotografie handelt. Es geht mir nicht darum, eine Täuschung zu zelebrieren, sondern, dass man das als Malerei erkennt, trotzdem aber eine Einheit entsteht (...)."

EINHEIT UND TRENNUNG VON ALTEM UND NEUEM
In seinen Arbeiten will Marcus die klassische Technik der Ölmalerei in Anlehnung an die "alte Kunst" mit modernen Fotografien verbinden, was den Anschluss an den Zeitgeist herstellt.

"Bei alten Gemäldesammlungen ist das immer so, dass ich sehr viele Bilder sehe, wo mein Herz höher schlägt, was in der heutigen Malerei nicht der Fall ist, ohne das ich das ablehnen würde. (...). Im Grunde ist meine Kunst vielleicht eine Aus-

flucht, denn ich wünsche mir, (...), altmeisterlich zu malen und das geht heute aber eigentlich nicht. Wenn man aber ein Foto als Grundlage nimmt und mit Ölfarbe darauf malt, dann geht es eben doch wieder (...)."

EINHEIT UND TRENNUNG VON KLASSIK UND MODERNE – REALITÄT UND PHANTASIE

Klassische Motive der Kunstgeschichte tauchen bei Marcus in einem modernen Kontext auf und während er Malerei eher mit Fantasie in Verbindung bringt, hat Fotografie für ihn immer etwas mit der Realität zu tun. Durch diese Verbindung entsteht für ihn etwas Neues.

"(...) und dass ich neue Motive, die es noch nicht gibt, schaffe. (...). Wenn eine Kuh auf der Weide steht, kann man sagen: "Das Motiv gibt es schon hunderttausend Mal", aber die Kuh hat nie dort gestanden und trotzdem ist es ein Foto, was eine Wirklichkeit vortäuscht. Die Fotografie ist, im Gegensatz zur Malerei, immer etwas, was eine Wirklichkeit vortäuscht, die sich aber nicht bestätigt, weil dort ja nie so eine Kuh war. Die ist dort von mir hinein erfunden worden und es wirkt trotzdem durch die Schwarzweiß-Fotografie ganz realistisch, so als wäre es dokumentiert, (...)."

Ästhetik

Ästhetik ist ein wichtiges Ziel in Marcus Schaffen. Für seine Arbeit ist Schönheit, entgegen dem Trend moderner Kunst, ein wichtiges Kriterium. Er orientiert sich stark an seine Vorbilder, die großen Meister der Renaissance.

"Es ist mir wichtig, dass Bilder eine Ästhetik haben. (...), ich versuche, was in den letzten hundert Jahren gar nicht so aktuell war, wirklich ästhetische Geschichten zu machen. (...). Mir ist es wichtig, dass es eine Bildkomposition gibt, dass es schöne Dinge sind, die ich fotografiere, (...) alles irgendwie Sachen, die an sich ästhetisch gewollt sind. Da ist ein ästhetischer Wille dahinter (...). Also, die Ästhetik ist ein Kriterium, (...). Wenn Du mich fragst, wie ich zu den Fotos komme, irgendwie hat es wieder mit alter Kunst zu tun. (...). Das hat alles dieses Ästhetische, wo das Ästhetische sehr im Vordergrund steht."

3.7 Protokoll des Interviews mit Uwe

Das Gespräch mit Uwe findet in ungezwungener und freundlicher Atmosphäre in seiner Wohnung in Hamburg Ottensen statt. Dort hat er auch seine Arbeitsräume eingerichtet. Uwe hat Graphikdesign studiert. Zusätzlich zu seiner freien Arbeit als Maler ist er in der Werbebranche tätig. Er bevorzugt für seine Bilder die Arbeit mit Acryltechniken auf großen Formaten. Charakteristisch für seine Arbeiten sind außerdem kräftige Farben in Kombination mit Schwarz und das Verwenden von Schrift als Bildelement. Gern experimentiert Uwe mit dem Malen auf bereits bestehenden Bildern, meist auf Drucken von Ikonen u. ä. klassischen Motiven. Uwe ist sehr offen und an dem Thema unseres Interview stark interessiert. Er erzählt ausführlich über seine Schaffensweise.

3.7.1 Arbeitsphasen

Es folgt eine Darstellung von Uwes Arbeitsweise. Dabei lassen sich folgende Phasen erkennen.

Vorbereitungsphase

AUSBILDUNG: PRÄGUNG DURCH STUDIUM UND LEHRER
Uwe entdeckt durch das Studienfach "Schrift und Typographie" sein starkes Interesse an dem Phänomenen der Schrift und des Schriftrhythmus. Er erfährt die Möglichkeit, damit zu experimentieren und macht dabei positive Erfahrungen, die seinen Arbeitsstil nachhaltig prägen. In seinen heutigen Arbeiten sind Schriftelemente oft präsent. Auf spielerische Weise vollzieht er einen Wechsel zwischen Texten, Schriftarten und Farbe.

"Ich hatte früher das automatische Schreiben schon probiert (...), weil mich der Schriftrhythmus, durch das Studium bedingt, sehr interessiert. (...) und Martin Anders, Dozent für Schrift und Typographie (...), hat uns über Wochen nicht schreiben lassen, sondern sagte: "Nehmt irgend etwas (...) und macht Zeichen ohne Bedeutungsinhalt, dass ihr locker werdet in der Hand, (...), irgend etwas, was euch einfällt". Mir hat das sehr viel Spaß gemacht mit den Schriften zu arbeiten, und zu sehen, dass da formal etwas Interessantes drin ist und das fließt in meine Arbeit mit hinein."

VISUELLE ANREGUNG
Für seine malerische Arbeit versorgt Uwe sich mit visuell anregendem Material, das meistens aus den gewöhnlichen Kommunikationsmedien (Fern-

sehen, Zeitschriften, Zeitungen) oder aus speziellen Kunstkatalogen sowie Kunstbüchern und Artheften stammt. Es handelt sich dabei oft um Fotos, Filme, Drucke, u. ä.

"Ich gucke beim Fernsehen oder Fotos auf Hintergründe, auf bestimmte Strukturen, die mich reizen (...). Es ist egal, ob das Fotos sind, Malerei, Film oder sonst was, ich wähle Ausschnitte, wo mich Farbigkeit, Oberfläche oder Form interessieren."

Inkubationsphase

SUCHE NACH BEFRIEDIGENDEN LÖSUNGEN REIHE VON ZERSTÖRUNGEN – ENTSTEHEN VIELER SCHICHTEN

Bei Uwe kommt es im Laufe seines Arbeitsprozesses zu einem Stadium, das als Inkubationsphase betrachtet werden kann. Dabei sucht er intensiv nach einer für ihn befriedigenden Lösung. Während dieser Arbeitsphase nimmt er vielfach Veränderungen am Bild vor. Viele Alternativen werden ausprobiert und verworfen und es entstehen dabei viele Schichten. Uwe beschreibt diesen Vorgang als "große Dynamik". Das Entstehen eines Bildes ist für ihn bewusst mit vielen Arbeitsphasen verbunden, bei denen er das Tempo auf verschiedene Art und Weise erlebt, mal als ganz schnell und mal als ganz langsam. Uwe beschreibt das Entstehen eines Bildes als eine Reihe von Zerstörungen, die ihn am Ende zu etwas Neuem führen.

"(...) bei diesen Sachen, obwohl sie relativ flach wirken, sind mitunter 10 bis 12 Schichten darunter. Das sind ursprünglich ganz andere Farbigkeiten gewesen (...). Also, das ist die Schrift, die wird dann wieder übermalt, dann wieder überschrieben, dann wird in die Schriften oder in die Farbe reingekratzt, dann entsteht wieder etwas daraus, dann wische ich den ganzen Kram wieder runter oder dusche das Bild heiß ab (...). Ich nehme das im Prozess sehr bewusst wahr, dass innerhalb einer großen Dynamik, ganz viele Phasen durch ein Bild durchgegangen sind (...). Es gibt oft Phasen, wo es einfach sehr schnell geht und dann geht es ganz langsam. Dann wird es übermalt, nochmals übermalt, unter die heiße Dusche gestellt, dann wird daran herumgekratzt, dann wird es zerstört, in die Ecke gestellt und dann wieder heraufgeholt, und dann geht es wieder von vorne los und oft durch diese Zerstörung, danach entsteht etwas."

UNBEWUSSTE PROZESSE

Während dieser Phase geschieht es oft bei Uwe, dass Dinge an denen er gerade arbeitet, ihn weiterbeschäftigen. Diese "halbbewusste Beschäftigung" führt in seinem Falle dazu, dass er dann besonders offen und empfänglich für entsprechende Reize ist.

"Also, manchmal beschäftigt ein Bild mich weiter, so dass ich das mit ins Tagesgeschehen nehme und da dann anders beobachte. Ich gucke mir Buchumschläge an oder so, um eine Idee zu kriegen. Das ist aber eine halbbewusste Ebene. Ich gehe dann nicht los und gucke gezielt darauf hin."

EINE BESONDERE ART DER WAHRNEHMUNG HERBEIFÜHREN DURCH SELBSTPROVOKATION

Wenn Uwe mit seiner Arbeit an einen schwierigen Punkt gelangt, an dem er große Mühe hat, weiterzukommen, dann geht er entweder im "Außen" auf die gezielte Suche nach entsprechenden visuellen Reizen, die er für seine Arbeit übernehmen könnte oder er lässt die Arbeit zunächst einige Wochen auf sich beruhen und sieht sich diese oft an, was ihn dann sehr ärgert. Im letzteren Fall findet er in der Auseinandersetzung mit seinen Gefühlen des Ärgers über die stillstehende Arbeit zu einer Form der Wahrnehmung, die ihn schließlich zu einer Lösung führt. Diese beschreibt er als "malerische Wahrnehmung".

"Es gibt auch die Situation, wo ich vor einem Bild stehe und denke: "So, jetzt musst du dir wieder Kataloge vornehmen und gucken. Vielleicht findest du etwas, was in den Zusammenhang übernehmbar ist und das Ganze noch ein bisschen weiterträgt", aber ansonsten kann das Wochenlang herumhängen, und dann ärgert es mich. Ich fange mitunter auch an, dass ich irgend etwas mache, also eine leere Leinwand einfach mit einem bisschen Restfarbe provoziere. Dieses Ärgernis nehme ich manchmal über Tage mit und so laufe ich dann herum: "Ich habe gerade so einen Quatsch angefangen," und dann gucke ich immer wieder mal darauf, bis eine Lösung kommt. Eigentlich so kleine Stacheln, also sich selber ein bisschen malträtieren, einfach um eine Aufmerksamkeit, eine Weltwahrnehmung zu erzeugen, die dann wieder malerisch ist. (...). So provoziere und stachele ich mich ganz einfach an, visuelle oder malerische Wahrnehmung zu haben."

Illuminationsphase

UNERWARTETER AUSGANG

Manchmal entstehen aus zahlreichen Korrekturen, Versuchen und Missgeschicken plötzlich unerwartete Resultate, die positiv überraschen. Das folgende Beispiel, bei dem aus einem Brief für eine Freundin am Ende ein Bild wurde, erläutert dies:

"Das ist ein Brief an eine Freundin gewesen, den ich geschrieben hatte und der mir nicht gefiel. Ich habe dann darüber geschrieben und das was ich geschrieben hatte, quasi mit Farbe gelöscht. Dann entstand ein neuer Text darüber, der wieder ausgelöscht wurde und das immer wieder. Also, auf feiner Ebene Informationen liefern und sie aufheben, sie neu liefern und aufheben. Das ist eher ein Bild geworden, es ist kein Brief mehr gewesen!"

BILDER ENTWICKELN STARKE EIGENDYNAMIK

Den Malprozess erlebt Uwe als starke Dynamik, bei der ab einem bestimmten Punkt während des Malvorgangs in ihm der Eindruck entsteht, die Bilder würden sich "verselbstständigen".

"Da haben sich die Bilder verselbstständigt. (...). Das ist ein Austausch von Eigendynamik, der erst auf der Leinwand oder auf dem Zettel passiert, wo eine Hinführung da ist. (...) ein Bild malt sich ja nicht selber, aber irgendwo "passiert" in Anführungsstrichen innerhalb des Bildes eine Struktur, die wieder auf etwas anderes hinweist, was ich aufzunehmen versuche. Natürlich habe ich das alles selber gemacht, es ist immer die Person, aber irgendwo habe ich auch Tatsachen geschaffen, die für sich in Spannung, Harmonie, Dynamik oder sonst wo stecken und wie reagiere ich auf diese Dynamik?"

Verifikationsphase

EIGENE BEWERTUNGSKRITERIEN

Uwe erzählt im Laufe unseres Gespräches, dass das gegenständliche Malen, insbesondere das Malen von Menschen, ihm nicht besonders liegt. Er ist mit seinen Ergebnissen bei dieser Form der Malerei oft nicht zufrieden und arbeitet aus dem Grund lieber gegenstandslos oder abstrakt. In diesem Zusammenhang macht er deutlich, wie wichtig es für ihn ist, bei der schöpferischen Arbeit den eigenen Bewertungskriterien den Vorrang zu geben und sich gegenüber anderen Leuten in keiner Weise für die Art seiner Arbeiten im Rechtfertigungszwang zu fühlen.

"Ich will eben nicht argumentieren müssen, warum das so ist, warum die Figur so nicht stimmt, weil ich ja sehe, dass sie nicht stimmt und ich sehe auch, wann eine Figur stimmt. Ich habe Kriterien zu betrachten, stimmt eine Figur oder nicht und was daran stimmt und was nicht."

REFLEXION DER EIGENEN ARBEIT

Nach abgeschlossener Arbeit verbringt Uwe viel Zeit damit, das Ergebnis bzw. das vorläufige Ergebnis zu betrachten. Vor dem Bild sitzend, in einer Art Selbstdialog, reflektiert er nach unterschiedlichen Gesichtspunkten sowohl das Bild und seinen Inhalt, als auch seine eigenen schöpferische Handlung bei der Entstehung des jeweiligen Bildes. Diese "Prüfungsphase" kann auch länger andauern und es kommt dabei vor, das äußerliche Einflüsse, wie z. B. der Austausch mit der eigenen Umgebung, bei der Bestimmung der endgültigen Richtung der Arbeit eine entscheidende Rolle spielen. In jedem Falle lautet die zentrale Fragestellung an sich selbst, ob bzw. wann das Bild fertig ist.

"(...) schon so dieses Gefühl: "Was habe ich da eigentlich gemacht, ich habe es nicht verstanden? Das Handwerkliche erledige ich mitunter sehr schnell. Eine lange Zeit sitze ich einfach davor und gucke mir das Bild an. Was passiert da? Dann frage ich mich: "Wohin will das Bild? Es gibt so dieses: "Was will ich, was will das Bild, was habe ich da jetzt für einen Kram gebaut? (...) Es kommen dann wieder Dinge von außen heran, mit denen ich mich austausche, auf die ich reagieren muss und will bis das Bild für mich dann fertig ist. Und die Frage aller Fragen: Wann ist ein Bild fertig?"

STIMMIGKEIT DES GANZEN ODER MUT ZUR ZERSTÖRUNG
Wichtigstes Kriterium bei der abschließenden Überprüfung der eigenen Arbeit ist für Uwe die Stimmigkeit der diversen im Bild vorhandenen Elemente als Ganzes. Dabei geht es ihm darum, das Bild hinsichtlich seines Gesamtzusammenhanges zu sehen und weniger um einzelne besonders gelungene, aber isolierte Passagen im Bild. Manchmal, so Uwe, müssen dann gerade die besonderen Passagen wieder zerstört werden, damit das Bild als Ganzes stimmt, der Prozess weitergehen kann.

"Sind da Passagen drin, die reizvoll oder welche die furchtbar sind? Gibt es "goldene Kälber", um die ich artig drum herum male, weil darin eine Passage ganz besonders toll gelungen ist und der Rest zerfällt auseinander? (...) und dann den Mut zu haben, diese Zerstörung, genau diese Passage kaputt zu machen, dann kann ein Bild weitergehen (...). Es kostet Überwindung, es ist etwas schönes passiert, aber das Ganze muss in irgendeiner Weise stimmig sein, erst dann habe ich das Gefühl, dass es fertig ist."

3.7.2 Zu den Einflussfaktoren künstlerischen Arbeitens

Fördernde Faktoren

GELASSENHEIT
Uwe berichtet davon, dass er im Laufe der Jahre an Gelassenheit gewonnen hat, was für seine schöpferische Arbeit von Vorteil ist. Stellt sich einmal eine Phase des Stillstandes bzw. eine Zwangspause ein, so setzt er sich nicht zusätzlich unter Druck, sondern akzeptiert diesen Umstand und ist sich dabei gewiss, dass es zu einem späteren Zeitpunkt möglich wird, mit der Arbeit fortzufahren.

"Mittlerweile bin ich so gelassen, das geht dann halt jetzt nicht. Ich kriege es nicht fertig. Ich habe das Thema nicht, oder ich habe das Bild nicht oder habe fünf Stunden dran gearbeitet und (...) das will jetzt nicht und fertig. Irgendwann kriege ich es in den Griff. Dann ist die Stimmung nicht oder ich bin unter Druck oder so et-

was, (...) und dann muss ich es aber gar nicht fertig kriegen. Ich weiß, irgendwann passiert es, und dann ist das Ding durch."

BEWEGUNG – LAUFEN

Uwe berichtet von dem positiven Effekt des Laufens für seine schöpferische Arbeit. Es sind ihm dabei schon viele gute Ideen für seine Bilder eingefallen.

"(...) das Laufen ist eine wunderbare Methode, gleichzeitig sehr intensiv mit sich selber befasst zu sein, auch zu kämpfen und andererseits ist es bei einer gemäßigten Geschichte, wenn man so locker läuft, eine wunderbare Sache, um konkret über eine Sache nachzudenken. Da sind mir schon viele Ideen für meine Bilder gekommen und ich habe dabei gemerkt: "Wo willst Du eigentlich hin, was passiert damit und wie könnte es jetzt weitergehen?" Wunderbar, eine tolle Sache."

DAS EMPFINDEN VON WUT

Uwe berichtet von der antreibenden Rolle, die zu einem früheren Zeitpunkt das Empfinden von Wut für seine Arbeit spielte.

"Früher war es wohl so, dass eine bestimmte Wut, ein bestimmter Zorn, eine Aggressivität nötig war, um bestimmte Sachen anzugehen, um überhaupt etwas zu machen, aber das ist dann relativ schnell vorbei gegangen (...)."

Hemmende Faktoren

DAS GEFÜHL, BEOBACHTET ZU SEIN

Schlecht arbeiten kann Uwe dann, wenn andere Menschen im Raum anwesend sind. In dem Falle fühlt er sich bei intimen Prozessen beobachtet.

"Was ich nicht gut kann, ist wenn noch andere Leute in der Gegend, also im Raum, sind oder so, das ist nicht gut. (...) Das ist schon das Gefühl, bei ganz intimen Prozessen beobachtet zu sein, wo ich dann auch das Gefühl habe, ich beobachte mich selbst dabei, wie ich beobachtet werde. Dann ist der Zustand erreicht, wo es eine große Show wird, dann wird es eine Performance (...). Es kommt durch die andere Person ein betrachtendes Element da rein."

3.7.3 Zur Rolle des sozialen Austauschs für den Schaffensprozess

ABHÄNGIG VON DER PERSON MIT DER DIESER STATTFINDET

Uwe bespricht und zeigt ungern unfertige Bilder. Dennoch findet er es hilfreich sich mit ausgewählten Personen über die Arbeit auszutauschen.

"Wenn Leute gucken und Fragen dazu kommen, sage ich oft: "Vergiss das jetzt. Da bin ich noch bei und gucke noch, was ich verändere". Ich zeige Arbeiten lieber, wenn ich sie für fertig erachte. Es ist hilfreich ein bisschen darüber zu reden, aber letztlich gibt es ganz wenige, denen ich zugestehe, mir dann einen Tipp für ein Bild zu geben und zu sagen: Das ist jetzt aber fertig, oder da muss jetzt nicht mehr viel sein. (...). Es sind Leute, die diese Prozesse auch kennen. Also, meine Partnerin guckt sich da schon die Sachen an, und wir reden dann darüber und sie findet dann vielleicht einige Sachen schön und weiß genau, dass die beim nächsten Mal bestimmt nicht mehr da sind."

3.7.4 Zur Rolle der eigenen Befindlichkeit für die kreative Arbeit

BEI LÄNGERE ARBEITSPAUSEN – NEGATIVE GEFÜHLE
Bei längeren Pausen bzw. wenn Uwe über einen längeren Zeitraum nicht an seinen Bildern gearbeitet hat, so empfindet er Druck, große Spannung und Ärger. Besonders im Zusammenhang mit Pannen und Verzögerungen tauchen bei Uwe intensive Gefühle des Ärgers auf. Es gibt Situationen, in denen er versucht diesen Ärger selbst herbeizuführen, da er der Meinung ist, dass sich dadurch bei ihm eine "malerische Wahrnehmung" einstellt, die für seine Arbeit hilfreich ist. (siehe. Inkubationsphase)

"Den Druck zu malen habe ich häufiger, also, ich ärgere mich, wenn ich vier Wochen nichts gemalt habe, dann komme ich in große Spannung. (...) ansonsten kann das (das Bild) wochenlang herumhängen, und dann ärgert es mich. Ich fange mitunter auch an, dass ich irgend etwas mache, also eine leere Leinwand einfach mit einem bisschen Restfarbe provoziere. Dieses Ärgernis nehme ich manchmal über Tage mit, und so laufe ich dann herum: "Ich habe gerade so einen Quatsch angefangen," und dann gucke ich immer wieder mal darauf, bis eine Lösung kommt. Eigentlich so kleine Stacheln, also sich selber ein bisschen malträtieren, einfach um eine Aufmerksamkeit, eine Weltwahrnehmung zu erzeugen, die dann wieder malerisch ist. (...). So provoziere und stachele ich mich ganz einfach an, visuelle oder malerische Wahrnehmung zu haben."

TRENNUNG VON BEFINDLICHKEIT UND KÜNSTLERISCHE ARBEIT
Uwe legt großen Wert darauf, sein Schaffen möglichst frei von Einflüssen zu halten, die mit seiner Befindlichkeit zusammenhängen. Seiner Meinung nach, gibt es dort zwar eine Wechselbeziehung, diese interessiert ihn aber nicht primär. Es sind das Malen an sich, das Ergebnis, das Bild, das er fertig malen will, die Dinge, die ihn interessieren.

"(...) sonst ist es auch kein Maler, wer das (Malen und Befindlichkeit) nicht trennt. Natürlich hat es etwas mit einer inneren Befindlichkeit zu tun. Ich stelle mir häufig auch die Frage:" Drückt sich darin etwas aus, was sich nur über den Weg ausdrücken kann? (...), aber eigentlich interessiert mich ja die Sache selber (...). Wenn ich

ein Bild male, dann interessiert mich genau dieses Bild. Wie kriege ich den Scheiß, den ich gerade da angefangen habe, irgendwie soweit, dass der für mich erträglich ist? Das ist eigentlich so mein Credo."

MALEREI UND POSITIVE GEFÜHLE

Uwe berichtet von seinem Ärgernis über Fehlinterpretationen seiner Arbeiten. In vielen Fällen habe man ihm Negativität, Depressivität u. ä. unterstellt, was nicht zutreffe. Uwe betont, wie gut es ihm meistens geht, wenn er an seinen Bildern malt, selbst wenn diese in dem einem oder anderen Fall tatsächlich etwas mit Gewalt, Blut o. ä. zu tun haben sollten. Er hat Spaß beim Malen.

"Hier ist es vielleicht auch wirklich eins der wenigen Bilder, wo ich das zulassen könnte und sagen würde, o.k., diese Klammern da, sind im Rot richtig und wenn solche Läufer wie die darunter laufen, hat das etwas mit Gewalt oder mit Blut zu tun, dem sträube ich mich auch nicht, aber zu sagen, das ist aus einer Stimmung der Gewalttätigkeit, der Verzweiflung, der Wut oder der depressiven Lebenssicht oder so etwas, nein! Meistens bin ich richtig gut drauf wenn ich diese Sachen mache, das macht mir gar Spaß (...)."

3.7.5 Zu den Ansichten über den Ausdrucksgehalt künstlerischer Mittel

Farbe

ABLEHNUNG VON FARBSYMBOLIK

Uwe ist der Meinung, dass es eine Farbsymbolik gibt und erklärt, dass diese ihm auch geläufig sei. Da er diese Form der Farbsprache in der Werbung angesiedelt sieht, lehnt es ab, sich dieser für seine Malerei zu bedienen. Bei seiner Malerei geht es Uwe in erster Linie um das Arbeiten mit Farbe an sich, nicht um eine Aussage über die Farbe.

"Farben setze ich nie symbolisch ein, dass ich sage: "Um Gewalt auszudrücken, nehme ich Rot, um Fröhlichkeit auszudrücken, nehme ich Gelb, um Natur und sinnliches Erleben auszudrücken, nehme ich Grün und um Offenheit zum Spirituellen zu vermitteln oder eine andere Form von Weite zu zeigen, nehme ich Blau. Das interessiert mich nicht (...). Es wird simpel Dunkelheit mit depressiv gleichgesetzt (...). Meiner Meinung nach sollte man bei Bildern oder Farben so eine eins zu eins Deutung vermeiden, das ist Werbung. Wenn die Werbung etwas signalisieren will, nimmt sie die entsprechenden farbpsychologischen Werte dazu, weil sie etwas verkaufen will. Mir geht es um das Bild, um die Farbe, um das Arbeiten mit Farbe und nicht um die Aussage über Farbe (...)."

AUSNAHMEN

Dennoch gibt es für Uwe Ausnahmefälle, wo einige der bekannten Farbanalogien in seiner Arbeit ihre Gültigkeit behalten dürfen.

"Hier ist wirklich eins der wenigen Bilder, wo ich das eventuell zulassen könnte und sagen würde: "O.K, diese Klammern sind da im Rot richtig und wenn solche Läufer wie die darunter laufen, dann hat es etwas mit Gewalt oder mit Blut zu tun", dem sträube ich mich auch nicht (...)."

SCHWARZ

In Uwes Arbeit kommt die Farbe Schwarz oft zum Einsatz. Er erläutert sein Verständnis dieser Farbe und seine Arbeitsweise damit folgendermaßen:

Als Schwarz nehme ich meistens Kohle und Graphit, weil ich damit eine Leichtigkeit des Schwarzes hinkriege (...) und das Schwarz dadurch leuchtend wird. Das ist das, was mich interessiert, dem Schwarz Offenheit zu geben, es nicht abzuschließen, es nicht als Symbol einzusetzen.

GESPÜR FÜR FARBEN

Uwe schreibt sich selbst einen fachmännischen Umgang mit Farbe zu. Seiner Meinung nach bekommen diese dadurch Eigenschaften, die er als Lebendigkeit und Tiefe beschreibt.

"Ich weiß, dass ich mit Farbe sehr gut umgehen kann, dass ich Farben Lebendigkeit und Tiefe verleihen kann (...). Ich kriege Farben zusammen, die andere schwierig zusammenkriegen und in einer Weise, die auch noch ästhetisch ist. Ich habe ein Gespür dafür, wie ich mit Farbigkeiten umgehe."

GELB, GELBGRAU, ROT

Im Laufe unseres Gespräches äußert sich Uwe weiter über persönliche Farbvorlieben und Farbassoziationen.

"Vielleicht fange ich irgendwann mal an, gelbe Bilder zu malen, obwohl es eine Farbe ist, die ich nicht mag, die ich höchstens nehme, um Grau abzulöschen. (...). Gerade dieses mit Gelb abgemischte Grau, dieses verdeckte Grau, ist einfach eins meiner Lieblingsfarben. Es ist einfach so deprimierend. (...) So ein Gelbgrau, was beim Gewitter entsteht, finde ich eine total schöne Farbe! Da kann ich mich total für begeistern, so dramatisch! (...) Rot können wir auch als böse, gewalttätig, blutig, verletzend sehen."

Fläche

Für Uwe haben Flächen für sich einen Ausdruck und eine Bedeutung. Er beschreibt dies wie folgt:

DIE STUMPFE FLÄCHE – ERHOLUNG
Stumpfe Flächen stellen für Uwe Neutralität, Leere, Stummheit dar und sind im Bild seiner Ansicht ein Ort der Erholung für den Betrachter.

"Stumpfe Flächen, setze ich insofern ein, als dass es eben beim Betrachter, auch mir, einfach einen Ort der Erholung liefert, der dort nichtssagend, neutral, leer, stumpf ist. Wo sonst so viel Bewegung ist, möchte ich einfach dem Ganzen eine Stummheit entgegensetzen, so eine Ruhefläche innerhalb des Bildes finden."

DIE LACKARTIGE FLÄCHE – KÜHLE
Lackartige Flächen kommen in Uwes Arbeit nicht vor, obwohl er sich von deren Kühle und Distanziertheit sehr angezogen fühlt.

"(...), aber so bald jemand so ganz lackartige Oberflächen macht, die ich total kühl und distanziert finde, finde ich das großartig!"

DIE GRAPHITFLÄCHE – TOT
Uwe bevorzugt für seine Arbeiten Graphitstaub anstatt der herkömmlichen schwarzen Farbe. Graphitflächen stellen für ihn tote Flächen dar.

"Das ist polierter Graphit. Wenn ich eine richtig tote Fläche machen will, dann nehme ich Graphit, also eine Bleifläche."

Linie

ABSTRAKTESTES ELEMENT ÜBERHAUPT – DAS "ICH"
Für Uwe ist die Linie das abstrakteste Element und gleichzeitig Ausdruck des "Ichs" im Bild. In seinen Arbeiten setzt er die Linie als Element sehr bewusst ein.

"(...) beschäftige ich mich intensiv mit der Fragestellung der Linie. Das ist das abstrakteste Element überhaupt. Damit drückt sich ja auch für mich das "Ich" aus. (...) wenn ich das mache, von da nach da (eine Linie ziehen), das ist eins zu eins, das was ich bin. Das habe ich in dem Moment gemacht, und das bin ich, und so gehe ich mit einer Linie um, dass ich sie in ihrer simplen Art und Weise außerordentlich ernst nehme. Wenn ich eine Linie verwende, dann setze ich sie schon bewusst ein."

KONFRONTATION
Für Uwe hat die Linie außerdem einen "konfrontativeren" Charakter als die Farbe, weil bei der Arbeit mit Farbe Korrekturen leichter durchgeführt werden können. Bei der Linie dagegen werden Korrekturen leicht sichtbar bzw. sind nur bedingt möglich.

> *"Bei Farbe ist es kein Problem zu korrigieren. Da malt man drüber und fertig. Bei Linien ist etwas anderes authentisch. Die Konfrontation mit dem, was man gemacht hat, ist bei Linien eins zu eins, bei Farbe eher eins zu zwei."*

Format

AUTORITÄT
Uwe erwähnt das Thema der Formate als Teil dessen, was seiner Meinung nach über ein Bild zum Ausdruck gebracht werden soll. Manche Arbeiten verlangen seiner Ansicht nach große Formate, die er in Verbindung mit Autorität setzt, ob nun echter oder intendierter. Letztlich ist er der Meinung, dass das Format den ungeübten Betrachter über die echte Qualität der Arbeit hinweg täuschen kann.

> *"Es gibt sicherlich Sachen, wo auch das Format eine entscheidende Rolle spielt, aber wenn jemand, um Autorität zu sein, ein Riesenformat aufspannt, und da ist Mist drauf, dann hat er sich mit der Frage des Formates oder der Autoritäten nicht auseinandergesetzt. Ein kleines Bild, kann so viel mehr Autorität, Wucht und Kraft haben, (...) und es gibt Leute, die fallen darauf rein (...)."*

3.7.6 Zu den persönlichen Zielen künstlerischen Arbeitens

NEUER UMGANG MIT ALTEN INFORMATIONEN
Ein wichtiger Themenbereich bei Uwes Arbeit ist das Thema "Information". Durch die Umarbeitung von alten Bildern zu etwas Neuem will Uwe "alte", den Bildern inhärente Behauptungen früherer Künstler in Frage stellen, um so aus alten Informationen eine neue Aussage zu schaffen. Diese Vorgehensweise spielt für seine Arbeit eine zentrale Rolle.

> *"Das wäre ein Ziel, was ich mit den Bildern habe, weil ich dieses Thema relativ gut illustrieren kann: Wie wichtig ist Information? Was kann man aus alten Informationen Neues machen? Wie geht man mit Informationen an sich um? Und was passiert, wenn die Behauptung des Bildes durch eine andere Behauptung, die ich darüber male, aufgelöst wird? Wer sagt, dass Heilige so ausgesehen haben? Das ist die Behauptung, die dieser Künstler getroffen hat. Wer behauptet, dass die Blumen so ausgesehen haben? Das sind schlichte Behauptungen, die wir alle glauben, auf die wir uns geeinigt haben. (...) Ich behaupte was Neues, indem ich darüber arbeite*

und zudem geht es darum, aus einer Reproduktion wieder ein Original zu machen. (...) und das, was mich an meinen Sachen reizt, ist es, alte Informationen zu benutzen, wie jetzt bei Velázquez oder so und sie zu überarbeiten, zu überschreiben, zu übermalen oder irgendwie damit umzugehen, sie aber eben noch durchscheinen zu lassen."

*"Ein Gemälde ist niemals fertig –
es hört lediglich an interessanten Stellen auf."
Paul Gardner[1]*

4. Ergebnisse der Untersuchung

Nachdem das vorangegangene Kapitel 3 sich deskriptiv und analysierend mit den Aussagen der einzelnen Interviewprotokolle auseinandergesetzt hat, ist es Hauptzielsetzung des nun folgenden Kapitels 4, die gewonnenen Textanalysen systematisch zusammenzufassen. Darüber hinaus sollen diese Ergebnisse interpretiert werden, um Gemeinsamkeiten und Unterschiede der Aussagen der interviewten Personen in überschaubarer Form darzustellen[2].

Wie bereits erwähnt wurde (s. Kap. 2, Punkt 2.3.2 „Zur Auswahl der Interviewpartner), ist die vorliegende Studie als nicht repräsentativ für die Population der Hamburger Kunstmaler anzusehen, da es sich bei dieser Forschungsarbeit um eine kleine Stichprobe (N = 7) handelt. Zudem wird in Anbetracht der Einzigartigkeit jedes der interviewten Künstler und dessen Arbeit von der Autorin zwar kein einheitliches Bild des kreativen Schaffensprozesses oder eines "typischen" Künstlers als Ergebnis angestrebt, dennoch lassen sich in einer systematischen Untersuchung, der von den Künstlern gemachten Aussagen, einige Gemeinsamkeiten feststellen bzw. Tendenzen erkennen. Auf der Grundlage dieser Aussagen ist ein Vergleich der bewussten Erfahrungen und Erlebnisse der Künstler möglich, ohne die individuellen Aspekte der einzelnen künstlerischen Prozesse zu leugnen. Vielmehr werden diese deutlicher sichtbar.

4.1 Aussagen zum Verlauf des kreativen Schaffensprozesses

Im Verlauf der Textanalyse wurden zunächst Parallelen zwischen dem Material der Textanalysen hinsichtlich des Schaffensprozesses und dem Vier-Phasen-Modells von Wallas festgestellt. Demzufolge wurden die angegebenen Merkmalen zur Beurteilung des kreativen Schaffensprozesses in den

---

[1] Aus „Der Weg des Künstlers" (Cameron, 2000).
[2] Eine tabellarische Zusammenfassung der Ergebnisse dieses Kapitels befindet sich im Anhang. Siehe dazu Tabellen 8 – 12.

Interviewprotokollen in vier Phasen strukturiert. Die Struktur der Interviewprotokolle wird für die Darstellung der Gesamtergebnisse beibehalten.

Es lässt sich anhand der Aussagen der interviewten Künstler zum Verlauf und den speziellen Merkmalen ihres schöpferischen Schaffensprozesses folgendes behaupten:

4.1.1 Aussagen zur Vorbereitungsphase

Die folgenden Aspekte wurden als wichtiger Bestandteil der Vorbereitungsphase beschrieben, und sind einer übergeordneten Zeitebene – mittel- bis langfristig – zuzuordnen.

EINE FUNDIERTE KUNSTAUSBILDUNG
Eine fundierte Kunstausbildung bzw. die Möglichkeit eines Kunststudiums wurden als Zeit der intensiven Vorbereitung auf den Beruf des Künstlers angesehen und als sehr wichtig für späteres künstlerisches Arbeiten eingeschätzt. Die während der Ausbildung gemachten Lernerfahrungen wurden generell als von stark prägendem Charakter für die eigene weitere künstlerische Entwicklung beschrieben. Den Lehrern selbst sowie deren Art und Weise, das Wissen zu vermitteln, wurde ebenfalls ein nachhaltiger Einfluss auf die eigene spätere Arbeitsweise zugeschrieben.

ALLES IM LAUFE DES LEBENS WAHRGENOMMENE
Als Teil der künstlerischen Vorbereitungsarbeit wurde die Gesamtheit der im Laufe des Lebens wahrgenommenen Dinge beschrieben. Demnach wird ein Bild als "Ausschnitt" betrachtet, an dem innere und äußere Vorgänge sichtbar gemacht werden. Zu diesen Vorgängen wiederum gehört die Summe der eigenen Lebenserfahrungen und Eindrücke. Dabei wurde auf die Unmöglichkeit hingewiesen, das Fließen dieser Dinge in die Arbeit zu verhindern.

Weiter wurden folgende Aspekte ebenfalls als wichtige Bestandteile der Vorbereitungsphase beschrieben, die sich auf einer eher "punktuellen" bzw. momentanen Zeitebene – z. B. während einer Malsitzung – abspielen.

VISUELLE ANREGUNG – ÄUßERE BILDER
Auf die wichtige Rolle ausreichend visueller Anregung wurde von mehreren der interviewten Künstler mit Nachdruck hingewiesen. Visuelle Anregung wurde als wichtiger und fester Bestandteil der Vorbereitungsarbeit

beschrieben. Weiter wurde von der gezielten – in manchen Fällen aber auch eher unbewussten – Suche nach optischen Reizen berichtet. Zu diesem Zweck werden in der Regel Fotos sowie Gegenstände aller Art angehäuft: Kuriositäten, Steine, Postkarten, u. ä. auch der Besuch von Ausstellungen dient oft als visuelle "Nahrung". Die gesammelten "Objekte" werden meist zunächst aufbewahrt, um sie später wieder hervorzuholen. Dieses Material soll bei der Anregung der eigenen Phantasie und Vorstellungskraft sehr hilfreich sein – so z. B. beim Finden eines Arbeitsthemas bzw. eines Motivs.

EINE KONKRETE VORSTELLUNG – INNERE BILDER
Manche der interviewten Künstler beschrieben eine konkrete Vorstellung über die bevorstehende Arbeit zu haben. Dem wurde eine wichtige, vorbereitende Funktion in Bezug auf den kreativen Schaffensprozess zugeschrieben. Manche gaben an, eine konkrete Vorstellung gar zu brauchen, um mit dem Malen eines Bildes überhaupt erst beginnen zu können. Dabei ist es irrelevant, ob diese Vorstellung am Ende auch wirklich realisiert wird. Wichtig für die interviewten Künstler scheint es, sie zu haben.

KLÄRUNG BETREFFEND ÄUßERER ASPEKTE DER ARBEIT – ENTSCHEIDUNG FÜR EINE RICHTUNG
Als Bestandteil der Vorbereitungsarbeit wurde z. B. das Klären der künstlerischen Richtung der Arbeit beschrieben – "sich für eine Richtung entscheiden". Damit gemeint ist eine Art innerer Klärung, die zu einem Entschluss führt, bei dem festgelegt wird, mit welchen der vorhandenen Möglichkeiten – thematisch und gestalterisch – die schöpferische Arbeit vonstatten gehen soll, z. B. sich auf eine bestimmte Technik festlegen. Nicht die Details sollen schon hierdurch festgelegt werden, sondern die allgemeine Richtung der Arbeit, die Basis. Bei den interviewten Künstlern, die gern zwischen unterschiedlichen gestalterischen Medien wechseln, z. B. zwischen Malerei und Skulptur, ist diese grundsätzliche Klärung ein wichtiger Schritt der Vorbereitungsarbeit.

GEDANKLICHE VORBEREITUNG – KLÄRUNG BETREFFEND INNERE ASPEKTE DER ARBEIT
Die gedankliche Vorbereitung in Hinblick auf bevorstehendes künstlerisches Schaffen wurde als wichtiger Aspekt der Vorbereitungsphase beschrieben. Dabei findet in der Vorbereitungsphase zunächst eine innere Auseinandersetzung mit der bevorstehenden Arbeit statt, ferner mit den damit verbundenen gestalterischen Möglichkeiten. Ziel dieser gedanklichen Auseinandersetzung ist es, für den jeweiligen Künstler in erster Linie selbst zu klären, ob und inwieweit die innere Bereitschaft vorhanden ist, sich für

die Dauer eines bestimmte Zeitraums auf ein bestimmtes Thema einzulassen bzw. sich intensiv mit einem bestimmten Material zu befassen. Weiter werden auch Möglichkeiten des eigenen Könnens in Bezug auf das intendierte Vorhaben geklärt.

Außerdem wurden der Vorbereitungsphase folgende Merkmale zugeschrieben: Offenheit und das Bedürfnis nach Zeit. Die benannten Aspekte wurden als wichtige Voraussetzung der Vorbereitungsphase beschrieben:

OFFENHEIT ALS INNERE BEDINGUNG
Offenheit wurde als charakteristisches und zugleich als essentielles Merkmal der Vorbereitungsphase künstlerischer Arbeit von einigen der interviewten Künstler beschrieben. Zum einen ist damit die Offenheit der Wahrnehmung, der Sinne gemeint und damit einhergehend eine erhöhte Sensibilität und Aufmerksamkeit. Zum anderen wurde Offenheit als "Das-nicht-festgelegt-sein" bezüglich des Ergebnisses der Arbeit bzw. des Ausgangs des künstlerischen Schaffens beschrieben. Weiter wurde Offenheit als ein "Sich-einlassen-können" auf den künstlerischen Prozess, sich rein fallen lassen und ein "Loslassen-können" der ursprünglichen Vorstellungen beschrieben. Offenheit ist also die Fähigkeit, sich nicht auf Konzepte zu versteifen, das Neue und Unvorhersehbare anzunehmen.

AUSREICHEND ZEIT ALS GÜNSTIGE SITUATIVE BEDINGUNG
Über ausreichend Zeit während der Vorbereitungsphase zu verfügen, wurde in manchen Fällen als erwünscht oder gar notwendig für den künstlerischen Schaffensprozess beschrieben. Diese Zeit wird dann meistens dazu genutzt, Überlegungen bezüglich der Arbeit anzustellen, Skizzen und Vorarbeiten anzufertigen. Währenddessen entsteht oft ein Bild in der Vorstellung. Mit diesem gewissermaßen "inneren" Bild wird erst richtig zu Malen angefangen. Es wurde von dem bedeutungsvollen Charakter dieses Vorgehens berichtet, selbst wenn aus Erfahrung bekannt ist, dass das Ergebnis am Ende anders wird, als ursprünglich gedacht.

4.1.2 Aussagen zur Inkubationsphase

Die Inkubationsphase wurde von den meisten der interviewten Künstler als besonders schwierig empfunden und beschrieben. Die folgenden Aspekte der Inkubationsphase ihrer Arbeit wurden von ihnen genannt und beschrieben. Es handelt sich dabei um eine subjektive Einschätzung der als charakteristisch empfundenen Merkmale dieser Arbeitsphase.

SCHAFFENSKRISEN
Es wurde von intensiven Schaffenskrisen im Laufe der künstlerischen Laufbahn berichtet. Diese kritischen Zeiten können einer übergeordneten Inkubationsphase bzw. übergeordneten Inkubationsprozessen zugeordnet werden. Während Krisenzeiten neigten die Künstler stark dazu, das eigene Können negativ zu bewerten. So wurde etwa von dem Empfinden berichtet, das eigene Werk nicht vertreten zu "können" oder auf die geliebte Art und Weise nicht malen zu "dürfen", obwohl dies genau den eigenen Wünschen und Neigungen entsprochen hätte. Dieser Umstand führte generell zu Frustration. Die innere Dissonanz zwischen den eigenen Wünschen und Fähigkeiten bzw. dem, was wirklich Spaß macht, auf der einen Seite und dem, was "man" tun "müsste", "sollte", u. ä. auf der anderen Seite, führte bei diesen Künstlern zu großen inneren Spannungen. Hier spielen finanzielle Aspekte, Prestige und gesellschaftliche Anerkennung eine wichtige Rolle. Dieser innere Druck wiederum erschwerte das künstlerische Schaffen zusätzlich und machte es schließlich ganz unmöglich, wodurch das Gefühl der eigenen beruflichen Unzulänglichkeit genährt wurde. In diesem Zusammenhang wurde von einem Gefühl der "Lähmung" berichtet, das diese Phase in manchen Fällen begleitet. Die eigene Berufswahl kann durch eine tiefe und länger anhaltende Schaffenskrise zu starken Zweifeln bezüglich der eigenen Berufswahl führen. Von einem der Künstler wurde der ernsthafte Versuch unternommen, den Beruf zu wechseln.

Weiterhin wurden die folgenden Aspekte als charakteristische Merkmale der Inkubationsphase beschrieben. Diese spielen sich auf einer eher "punktuellen" bzw. "momentanen" Zeitebene – z. B. während einer Malsitzung – ab.

UNBEWUSSTE PROZESSE
Einige Künstler berichteten von der Erfahrung, unbewusst oder halbbewusst an Bildern weiterzuarbeiten. Während diese unbewusste Weiterbeschäftigung mit der gestalterischen Umsetzung einer bestimmten Idee bei einem Künstler oft im Schlaf in Form von Träumen passiert – und zwar, vermitteln nächtliche Träume demjenigen die Ideen quasi bildlich, wird es einem anderen hingegen klar, dass "eine Idee in ihm arbeitet" weil, obwohl plötzlich "gar nichts" passiert, dennoch irgendwie ein Gefühl vorhanden ist, als wenn sich etwas "neu formt". Darüber hinaus kann die Weiterbeschäftigung mit einer angefangenen Arbeit als halbbewusst empfunden werden. Diese spielt sich dabei vor allem auf der visuellen Ebene ab, ähnlich einem Schlüssel-Loch-Prinzip. Derjenige ist dann besonders empfänglich für den

"passenden" visuellen Reiz bzw. für das fehlende "Puzzlespiel". Tagträume scheinen in dem Zusammenhang auch wichtig zu sein.

INTENSIVES DENNOCH "FRUCHTLOSES" AUSPROBIEREN - GROßES VERSUCHSSTADIUM
Weiter wurde die Inkubationsphase als ein intensives, dennoch fruchtloses, Ausprobieren unterschiedlicher Optionen charakterisiert. Die gefundenen Lösungen erweisen sich im nachhinein als "schlecht", als nicht ausreichend befriedigende Alternativen, denn sie erscheinen als mangelhaft, das Gefühl, das "etwas immer noch fehlt", treibt denjenigen zu weiteren Versuchen. Bei manchem Künstler entstehen dadurch zahlreiche Arbeiten, deren Ergebnisse von ihm selbst als derart unbefriedigend angesehen werden, dass sie in der Regel später vernichtet werden ("müssen"). Ferner wurde diese Arbeitsphase als "großes Versuchsstadium" bezeichnet. An Vorläufer-Arbeiten werden Ideen ausprobiert, es wird quasi daran geübt, diese Ideen bildlich so umzusetzen, dass sie den eigenen Erwartungen und Vorstellungen entsprechen bzw. diese befriedigen. "Vorläufer-Arbeiten" werden meist im Rückblick als Versuch sehr geschätzt und als notwendig für den Schaffensprozess erachtet.

DAS ENTSTEHEN VIELER SCHICHTEN
Als weiteres charakteristisches Merkmal dieser Arbeitsphase wurde das Entstehen vieler Farbschichten auf den Bildern beschrieben, eben als Resultat des intensiven Ausprobierens. Dabei werden die Farbschichten mit jedem Versuch immer dicker, bis sie in manchen Fällen schließlich komplett wieder abgetragen bzw. abgekratzt werden müssen, damit ein weiteres Arbeiten möglich ist. Diese vielen Schichten bilden oft und unbeabsichtigt die besondere und unwiederholbare Grundlage auf der später das endgültige Bild entsteht. Insbesondere wurde in dieser Phase dem Verwerfen, Verändern und Zerstören bzw. dem Verwerfen-, Verändern- und Zerstören- "dürfen" eine entscheidende Rolle zugeschrieben.

DISKREPANZ ZWISCHEN DER EIGENTLICHEN ARBEIT UND VORSTELLUNG DAVON
Diese Arbeitsphase wurde als oft sehr frustrierend beschrieben. Bei dem Versuch, eine neue Idee bei der Arbeit konkret umzusetzen, stößt man regelmäßig an Grenzen und dadurch wird das Vorhandensein der Möglichkeit, diese Idee in der Arbeit – nach den eigenen Vorstellungen – verwirklicht zu sehen, stark in Frage gestellt. Als frustrierend wird oft die Diskrepanz zwischen den eigenen ursprünglichen Vorstellungen und den konkreten Ergebnissen der Versuche, diese Idee am Bild umzusetzen, erlebt.

SUCHE NACH EINER BEFRIEDIGENDEN LÖSUNG – SICH-"HERANTASTEN"
Die Inkubationsphase wurde als ein großes "Tasten", als Suche beschrieben. Ob man sich gerade auf dem "richtigen" Weg befindet oder nicht, darüber entscheidet im Allgemeinen das subjektive Empfinden von "Stimmigkeit" bzw. "Unstimmigkeit", das sich je nachdem entweder einstellt oder ausbleibt. Ferner wurde das intensive Suchen, das diese Arbeitsphase charakterisiert, als stark dynamischen Prozess bezeichnet. Als Schwerpunkt dieser Arbeitsphase wurde nicht nur das Ausprobieren benannt, sondern auch, das stetige Verändern am Produkt, also am Bild, das Verwerfen von Ideen, das Loslassen ursprünglicher Vorstellungen.

REIHE VON ZERSTÖRUNGEN
Der Begriff der Zerstörung wurde im Zusammenhang mit der Inkubationsphase des kreativen Schaffensprozesses häufig genannt. Von einem der Künstler wurde dieses Arbeitsstadium als "Reihe von Zerstörungen" beschrieben. Es wurde von einer Art der Erfahrung berichtet, bei der durch das Sich-einlassen-können auf diese "zerstörerischen" Prozesse, diese am Ende dennoch zu positiven Ergebnissen führen.

EINE BESONDERE ART DER WAHRNEHMUNG HERBEIFÜHREN
Es wurde im Zusammenhang mit der Inkubationsphase von Gefühlen der Frustration und des Ärgers, die oft in der stillstehenden Arbeit begründet sind, ausführlich berichtet. Von einem der Künstler wurde erzählt, dass durch diese starken Gefühle der Frustration und des Ärgers eine ganz spezielle Art der Aufmerksamkeit, der Wahrnehmung, entsteht. Diese Art der Wahrnehmung wurde als "malerisch" bezeichnet. Der Künstler erzählte von der Erfahrung, sich daher selbst in diese Gefühle des Ärgers hineinzusteigern, sich selbst absichtlich zu provozieren, um eben diese sogenannte "malerische" Wahrnehmung zu erwecken.

4.1.3 Aussagen zur Illuminationsphase

Die folgenden Punkte wurden von den interviewten Künstlern im Zusammenhang mit der Illuminationsphase ihrer Arbeit benannt und exemplarisch erläutert. Bei diesem Arbeitsstadium wurde vor allem der Überraschungsaspekt betont, der in vielen Fällen in Form von Zufall oder Versehen zu unerwarteten Lösungswegen führt. Als "gute" Lösung wurde meist eine Form der Darstellung empfunden, die die eigenen künstlerischen Ansprüche in hohem Maße befriedigt, die aber bis zu dem Zeitpunkt nicht im Bewusstsein vorhanden war bzw. diesem nicht zugänglich gewesen war. Oft aber wird diese Lösung auch als "überraschend leicht" oder "einfach" empfunden im Vergleich zu der ursprünglichen Idee bzw. dem ursprünglichen Entwurf und vorangegangenen Versuchen.

Zahlreiche Aspekte wurden außerdem auf einer übergeordneten Zeitebene im Zusammenhang mit der Illuminationsphase beschrieben:

DAS ENDE DER SCHAFFENSKRISE – WEG AUS DER SACKGASSE
Betrachten wir den beruflichen Werdegang eines Künstlers aus einer höheren, übergeordneten, also eher langfristigen Zeitperspektive, so kann das Ende einer beruflichen Krise der Illuminationsphase zugeordnet werden. Von einem der Künstler wurde dies auch als "Weg aus der Sackgasse" bezeichnet. Wenn plötzlich die richtige Idee, die Einsicht über den Künstler "hereinbricht", dann "weiß" derjenige plötzlich, wie sich eigene Wünsche mit der äußeren Anforderung auf eine für ihn befriedigende Weise verbinden lassen. In einem Falle wurde der Künstler durch die plötzliche und "richtige" Idee nach Jahren des Nichtschaffens sofort wieder aktiv. Durch den plötzlichen Einfall fand er zu seinem Wunschberuf als Künstler zurück.

Weiter wurden die folgenden Aspekte benannt, die sich auf einer momentanen Zeitebene abspielen:

UNGEAHNTES ENTSTEHT
Die Illuminationsphase wurde als unberechenbar beschrieben. Es wurde die Überzeugung geäußert, während dieses Arbeitsstadiums herrsche als Grundregel schier die Regellosigkeit. Es wurde vielfach von der Erfahrung berichtet, dass Lösungen – oft gerade, als alles zu misslingen droht – ganz plötzlich entstehen. Diese Lösungen sind dann genauso befriedigend wie unerwartet. Allen Künstlern gemeinsam bei der Beschreibung dieses Arbeitsstadium war das plötzliche Entstehen von Alternativen, die bis zu dem Zeitpunkt ungeahnt waren und sich als befriedigend herausstellen.

IM PROZESS DES MACHENS BZW. DURCH DEN ARBEITSPROZESS ETWAS NEUES ENTDECKEN
Als charakteristisch für diese Arbeitsphase wurde das plötzliche Entstehen von etwas Neuem – und zwar als unmittelbares Ergebnis der schöpferischen Handlung – beschrieben. Dabei kann es geschehen, dass dieses "nicht-geplante", "nicht-vorher-ausgedachte" Neue als viel besser und spannender empfunden wird, als die ursprüngliche Idee selbst, die derjenige die ganze Zeit zuvor zu verwirklichen versucht hat. Weiter wurde für diese Arbeitsphase das Erleben des Arbeitsprozesses selbst als ausschlag-

gebend für das Finden einer geglückten Lösung eingeschätzt. Es wurde immer wieder betont, dass die besten Ideen nicht "ausgedacht" werden können, sondern ausprobiert werden müssen. Es wurde in diesem Zusammenhang darüber berichtet, wie zentrale Elemente des eigenen künstlerischen Werkes oft direkt "aus der Arbeit heraus" entstanden sind.

ZUFALL, VERSEHEN UND LÖSUNG – UNERWARTETER AUSGANG
Als wichtiges Merkmal dieser Arbeitsphase wurde die Fähigkeit genannt, Fehler in den Arbeitsprozess zu integrieren. Eine ausgeprägte Integrationsfähigkeit wird geschätzt, weil sie oft zu überraschenden und positiven Lösungen führen kann oder deren Entstehung zumindest begünstigt. Weiter wurde die Ansicht geäußert, dass die Fähigkeit zur Integration von eigentlichen "Missgeschicken" in den Arbeitsprozess ein hohes Maß an Flexibilität und Offenheit bezüglich des Ergebnisses der Arbeit und viel Phantasie voraussetzt.

BILDER ENTWICKELN PLÖTZLICH STARKE EIGENDYNAMIK – GEFÜHL DER HINFÜHRUNG
Es wurde in Zusammenhang mit dieser Arbeitsphase von einem Gefühl der "Hinführung" berichtet. Dieses Gefühl wird beim Malen subjektiv so erlebt, als würde das Malen demjenigen "passieren", als hätten die Bilder plötzlich eine sehr starke Eigendynamik. Gleichzeitig wird erkannt bzw. es herrscht bei dem künstlerisch Handelnden absolute Klarheit darüber, dass er selbst es ist, der die Handlung vollzieht.

4.1.4 Aussagen zur Verifikationsphase

Die folgenden Punkte wurden von den interviewten Künstlern im Zusammenhang mit der Verifikationsphase ihrer Arbeit benannt und exemplarisch erläutert. Insbesondere das Prüfen und Bewerten der Arbeitsergebnisse nach eigenen Kriterien wurde als charakteristisches Merkmal dieser Schaffensphase beschrieben. Weiter wurde die Rolle des eigenen Prüfens und Bewertens des kreativen Produkts für das weitere Vorgehen im Schaffensprozess bzw. für den Ausgang der einmal angefangenen schöpferischen Arbeit als entscheidend angesehen. Fällt die Selbstbewertung des Geschaffenen in dieser Phase negativ aus, führt dies zunächst und oft dazu, dass erneut Korrekturen an der Arbeit vorgenommen werden. Im glücklicherem Falle führen die durchgeführten Korrekturen zum gewünschten Endergebnis, und das künstlerische Produkt wird von seinem Schöpfer als fertig erachtet, was beim Künstler von Gefühlen des Glücks, der Erfüllung und der Freude über die eigene schöpferische Produktivität begleitet wird. Ist dies nicht der Fall, also erfüllt die Arbeit trotz vorgenommener Korrekturen die eigenen künstlerischen Wertmaßstäbe noch immer nicht, wird irgendwann ein Punkt erreicht, an dem – oft auch aus technischen Gründen – keine Korrekturen mehr möglich sind und das vielfach berichtigte Produkt die eigenen Vorstellungen und Ansprüche seines Schöpfers in keiner Weise zufrieden zu stellen vermag. Diese zweite Variante führt oft zur endgültigen Verwerfung der als misslungen angesehenen Arbeit, zur Trennung vom nicht zufriedenstellenden Produkt. Dieses Verwerfen, das als eine Form vom Loslassen der misslungenen Idee bzw. der konkreten Umsetzung dieser Idee in der Arbeit angesehen werden kann, wird oft von einem Gefühl der Erleichterung bzw. der Entlastung begleitet. Der Trennungsakt wird als eine Art Befreiung empfunden, die über das Gefühl der Enttäuschung, über den misslungenen Versuch, hinweghilft.

Insgesamt ist festzustellen, dass in diesem Arbeitsstadium vor allem der Aspekt des Prüfens und Bewertens betont wird, was in erster Linie durch das Einnehmen einer inneren Distanz zum eigenen Werk seitens des Schaffende möglich wird. Außerdem findet in allen Fällen eine Reflexion über die getane Arbeit statt – dies in unterschiedlich starker Ausprägung und Ausdrucksweise. Es folgen die von den Künstlern benannten Aspekte ihres kreativen Schaffens, die von der Autorin der Verifikationsphase zugeordnet wurden, und für dieses Arbeitsstadium als relevant angesehen werden:

ABSTAND GEWINNEN
Als gewissermaßen ersten Schritt und sehr wichtigen Aspekt der abschließenden Phase des künstlerischen Schaffens wurde die Fähigkeit beschrieben, inneren Abstand zum Ergebnis bzw. zum Produkt der eigenen künstlerischen Arbeit herzustellen.

PRÜFUNG UND BEWERTUNG DER EIGENEN ARBEIT
Insbesondere der Aspekt des Prüfens und Bewertens der eigenen Arbeit wird von mehreren der Künstler als zentral für diese Arbeitsphase erlebt. Ebenfalls stellt sich in diesem Arbeitsstadium die Frage, ob bzw. wann das Bild überhaupt als fertig zu erachten ist. Weiter ging es manchem während der Verifikationsphase vornehmlich darum, sich selbst die Frage zu beantworten, ob das Produkt der Arbeit wirklich als "gelungen" angesehen werden könne. In dem Akt der Selbstbewertung der Arbeit liegt für manche auch eine große Schwierigkeit.
Außerdem wurde von manchem der Künstler berichtet, dass ein weiteres Merkmal der Verifikationsphase die Fähigkeit sei, erneut das weitere Su-

chen nach einer besseren Lösung zu aktivieren – also, neue Inkubationsphasen auszulösen – und zwar dann, wenn die eigene Bewertung der Arbeit negativ ausfällt, so dass anschließend noch größere Veränderungen durchgeführt werden sollen.

EIGENE BEWERTUNGSKRITERIEN SIND AUSSCHLAGGEBEND
Bei der anschließenden Bewertung des Produkts der eigenen schöpferischen Arbeit wurde vor allem die Tatsache hervorgehoben, dass diese Bewertung der Arbeit eben in erster Linie nach eigenen Kriterien und Maßstäben stattzufinden hat. Dies geschieht oft in Form intensiver Monologe über das Ergebnis der Arbeit. Ein eigenes Urteil wird schließlich "nach Gefühl" gefällt. Dabei dienen manchmal eigene, als gelungen empfundene Arbeiten als Maßstab. Zusätzlich wurde die starke Rolle hervorgehoben, die diese eigene Kriterien ebenfalls bei der persönlichen Art zu betrachten generell einnehmen – und nicht nur bei der abschließenden Bewertung eines eigenen schöpferischen Produkts.

BEI NEGATIVER BEWERTUNG DER ARBEIT VERÄNDERUNG BZW. VERWERFUNG
Hält das Ergebnis der schöpferischen Arbeit nach sorgfältiger Prüfung den eigenen Wertmaßstäben schließlich nicht stand, so werden in der Regel weitere Veränderungen am kreativen Produkt vorgenommen. Dies kann u. U. zu neuen Inkubationsprozessen führen. Ist dieser Kreislauf nach mehreren erfolglosen Versuchen zunächst einmal ausgeschöpft, hier können auch technische Aspekte manchmal eine Rolle spielen, so wird danach das Produkt "endgültig"[3] verworfen, gar konkret weggeworfen oder vernichtet.

REFLEXION DER EIGENEN HANDLUNG UND DER ARBEIT
Als weiteres Merkmal der Verifikationsphase wurden das abschließende und bewusste Hinterfragen, das Reflektieren der eigenen schöpferischen

---

[3] Der Begriff "endgültig" muss an dieser Stelle relativiert werden, denn häufig wird das schöpferische Produkt zwar verworfen, dies aber bedeutet nicht automatisch das Verwerfen der Idee. Vielmehr wird ein erneuter Versuch gestartet – d. h. es wird weiter an der gestalterischen Umsetzung dieser bestimmten Idee gearbeitet. So stellt sich hier die Frage, ob das Ende eines Schaffensprozesses an der Entstehung eines Produktes festgemacht werden kann – ob dieses Produkt nun Bestand hat oder nicht. Vielmehr scheinen häufig "viele aufeinanderfolgende Schaffensprozesse", viele "kreative Schlaufen" sozusagen nötig zu sein, bis ein Produkt entsteht, das seinen Schöpfer in hohem Maße befriedigt bzw. vor seinem Urteil Bestand hat. Es stellt sich dann die weitere Frage, ob dieses kreative Produkt dann Ergebnis der letzten schöpferischen "Schlaufe" ist, oder auch der vielen anderen vorangegangenen Schlaufen. Die Antwort auf diese Frage, scheint von der eingenommenen Perspektive abhängig zu sein.

Handlung beschrieben. Reflektiert werden dabei sowohl das zuvor entstandene kreative Produkt, als auch der Weg, der zu diesem Produkt schließlich hinführte – also, das, was und das wie der kreativen Handlung. Weiter können Fragen auftauchen, die im Zusammenhang mit der Gesamtrichtung der Arbeit stehen. Auch das Herstellen eines Bezugs des Produkts zur Außenwelt kann Gegenstand dieser abschließenden Überlegungen sein.

4.2 Aussagen zu den Einflussfaktoren des künstlerischen Schaffensprozesses

Von den interviewten Künstlern wurde eine Vielzahl an Faktoren beschrieben, die aus deren Sicht Einfluss auf das künstlerische Tätigsein und auf den Verlauf eigener schöpferische Prozesse haben. Diese Einflussfaktoren der schöpferischen Arbeit wurden von der Autorin zunächst grob in fördernde und hemmende Faktoren unterteilt. Es folgen zunächst die Hauptaussagen zu den fördernden Faktoren des künstlerischen Schaffensprozesses.

4.2.1 Aussagen zu fördernden Faktoren des künstlerischen Schaffensprozesses

Eine Vielzahl von Faktoren wurde von den Künstlern selbst als förderlich für den künstlerischen Schaffensprozess beschrieben. Diese fördernden Faktoren wurden im Laufe der Interviews ausgiebig erläutert. Um den Leser den Überblick zu erleichtern, wurde von der Autorin eine Klassifizierung der benannten fördernden Faktoren nach diversen Ebenen wie folgt vorgenommen:

- Fördernde Faktoren auf der situativ-sozialen Ebene,

- Fördernde Faktoren auf der Persönlichkeits- und Handlungsebene,

- Fördernde Faktoren auf der emotional-motivationalen Ebene,

- Fördernde Faktoren auf der kognitiven Ebene,

- Fördernde Faktoren auf der physischen Ebene.

Diese Klassifizierung hat den Zweck, einen leichteren Überblick über die Gesamtheit der benannten Faktoren zu erleichtern. Auch sollen dadurch vorhandene Tendenzen leichter erkannt werden. Dabei wird kein Anspruch auf statistisch relevante Trennschärfe erhoben.

4.2.1.1 Fördernde Faktoren auf der situativ-sozialen Ebene

Eine Vielzahl an fördernden Faktoren wurden auf der situativ-sozialen Ebene von den interviewten Künstlern benannt und erläutert; und zwar:

FRÜHE UND POSITIVE ERFAHRUNGEN IN DER DOMÄNE
Mehrere der interviewten Künstler betonten die wichtige Rolle, welche frühe und positive Erfahrungen im künstlerischen Bereich für sie gehabt haben sowie die daraus resultierende persönliche künstlerische Entwicklung. Diese Erfahrungen schätzten sie im Allgemeinen als sehr förderlich für das spätere künstlerische Schaffen ein. Dazu zählten sie u. a. die Zeit der künstlerischen Ausbildung.

SPEZIFISCHE FÖRDERUNG VON AUßEN
Als förderlich für die schöpferische Arbeit wurde die gezielte Förderung von außen erwähnt, beispielsweise in Form eines Stipendiums. Nicht nur wurde durch die konkrete finanzielle Unterstützung ein intensiveres Arbeiten ohne Nöte und ökonomische Sorgen ermöglicht, sondern auch konzentriertes Arbeiten ohne Ablenkungen wurde dadurch gewährleistet. Die befragten Personen berichteten, durch Förderung länger und intensiver an bestimmten künstlerischen Projekten arbeiten zu können, wovon schließlich ihr Schaffen sehr profitierte. Ferner wurde durch die erhaltene Förderung von außen ein sehr günstiger Arbeitsrahmen geschaffen. Gleichzeitig stellte diese Art der Unterstützung von außen eine Form der Anerkennung der eigenen Arbeit für diese Künstler dar.

HERSTELLEN UND WAHREN EINES ÄUßEREN ARBEITSRAHMENS
Als förderlich für die schöpferische Arbeit wurde die Notwendigkeit erwähnt, einen geeigneten äußeren Rahmen zu schaffen und zu wahren, der einen gewissen Arbeitsrhythmus ermöglicht und erleichtert. Zu den Dingen, die aus der Sicht der interviewten Künstler diesen äußeren Rahmen schaffen und das Arbeiten fördern, gehören z. B. das Verfügen über einen geeigneten Arbeitsraum (Atelier), in dem regelmäßiges und möglichst störungsfreies Arbeiten gewährleistet ist. Ferner gehört die gezielte Vermei-

dung von Ablenkung – z. B. durch Telefonanrufe, Termine, die aus dem Arbeitsrhythmus herausreißen usw. – dazu.

ABWECHSLUNG
Einen besonders positiven Einfluss auf die kreative Arbeit hat nach der Ansicht einiger interviewter Personen eine gewisse Abwechslung bei der Arbeit, weil diese die innere Spannung aufrechterhält. Im Gegensatz dazu werden zu häufiges Wiederholen von Arbeitsabläufen, Arbeitsthemen also, eine zu starre Routine, als innerlich und äußerlich "einschläfernd" empfunden. Durch leichte Variationen der gewohnten Arbeitsabläufe, durch den Austausch mit einer reizvollen Umwelt, oft auch durch das Verwenden einer anderen Technik usw. wird Abwechslung erzeugt bzw. aufrechterhalten. Subjektiv wurde von den interviewten Künstlern Abwechslung als günstige Bedingung für das Hervortreten neuer Ideen betrachtet.

ANERKENNUNG VON AUßEN – POSITIVE RÜCKMELDUNG WIRKT MOTIVIEREND
Explizite Anerkennung von außen bzw. durch Dritte wurde von einem der Künstler als förderlich für den schöpferischen Schaffensprozess beschrieben. Es wurde die Überzeugung geäußert, dass eine positive Rückmeldung seitens der Umwelt eine positive Wirkung – im Sinne von motivierend – auf die eigene kreative Arbeit im Allgemeinen hat.

INTENSIVES ZUSAMMENSEIN MIT ANDEREN MENSCHEN
Das intensive Zusammensein mit anderen Menschen wurde ebenfalls als förderlich für künstlerisches Schaffen betrachtet. Dieser Effekt wurde folgendermaßen beschrieben: Durch das intensive Zusammensein mit anderen Menschen erlebt derjenige sich selbst später in seinem Alleinsein ebenfalls besonders intensiv, also in etwa als eine Art "Kontrasteffekt". Die Intensität des Empfindens bzw. das intensive Wahrnehmen des Eigenen durch das Alleinsein wurden wiederum als vorteilhaft für das künstlerische Schaffen betrachtet.

AUSREICHEND ZEIT ZUR VERFÜGUNG HABEN
Ausreichend Zeit für die schöpferische Arbeit – z. B. um sich auf ein künstlerisches Arbeitsthema einzustellen, für Vorarbeiten, Versuche, u. ä. – zur Verfügung zu haben, wurde als förderlich für den kreativen Schaffensprozess beschrieben. In der Regel wurde diese Zeit als wichtige Voraussetzung empfunden, um sich überhaupt auf ein Arbeitsthema einstellen zu können bzw. sich dem betreffenden Thema anzunähern. Diese Annäherung geschieht oft in Form von Vorarbeiten.

INTEGRATION VON KUNST UND ALLTAGSNOTWENDIGKEITEN
Als förderlicher Aspekt künstlerischer Arbeit wurde die Integration von Kunst und Alltagsnotwendigkeiten beschrieben. Damit gemeint ist der Versuch, Ideen und Anregungen für künstlerische Arbeiten ebenfalls aus ganz "banalen" und "normalen" Tätigkeiten des Alltags zu gewinnen. Geeignete Motive für künstlerisches Schaffen werden nicht nur im Besonderen gesucht bzw. gefunden. Ziel dieser Vorgehensweise bei der künstlerischen Arbeit ist es, die oft vorhandene Trennung zwischen Kunst und Leben aufzuheben.

BEWERTUNGSFREIE (SCHAFFENS-)RÄUME
Das Schaffen von bewertungsfreien Räumen sowohl im Inneren als auch im Äußeren wurde für das künstlerische Schaffen als sehr förderlich beschrieben. Es wurde die Überzeugung geäußert, dass hierdurch die Bereitschaft, Neues auszuprobieren, erhöht wird, und gleichzeitig Angst und Erfolgsdruck vermindert werden. Bewertungsfreie Schaffensräume stellen für manche der Künstler ein wesentliches Merkmal eines "günstigen" Klimas für kreative Arbeit – bzw. ein stark kreativitätsförderndes Arbeitsklima – dar. Weiter wurde die Ansicht vertreten, ein bewertungsfreies Schaffensklima komme in den Bildern meist in Form positiver Arbeitsergebnisse zum Ausdruck.

4.2.1.2 Fördernde Faktoren auf der Persönlichkeits- und Handlungsebene

Eine Vielzahl an fördernden Faktoren auf der Persönlichkeits- und Handlungsebene wurde von den interviewten Künstlern benannt und erläutert; und zwar:

DISZIPLIN UND FLEIß
Die Fähigkeit, eine gewisse Regelmäßigkeit im Rhythmus der Arbeit einzuhalten, d. h., das künstlerische Schaffen nicht nur von der eigenen Lust bzw. Lustlosigkeit abhängig zu machen, wird als wichtige Voraussetzung angesehen, um auf Dauer substantielle Fortschritte bei der kreativen Arbeit machen zu können. Es wurde von der Notwendigkeit berichtet, sich selbst auch einmal überwinden zu müssen etwas zu tun – auch wenn man im ersten Moment dazu "keine Lust" hat – und dann sogar etwas Neues auszuprobieren. Es wurde berichtet, dass diese Vorgehensweise häufig zu guten Ergebnissen führt.

OFFENHEIT UND SENSIBILITÄT FÜR SICH SELBST UND DAS EIGENE EMPFINDEN – BERÜCKSICHTIGEN EIGENER BEDÜRFNISSE

Als förderlich für das künstlerische Arbeiten wurde die Fähigkeit beschrieben, sensibel gegenüber sich selbst, d. h., offen für das eigene Empfinden zu sein und dementsprechend zu handeln. Der Sensibilität – die u. a. die Fähigkeit umfasst, sich selbst zu fühlen, gegenüber dem eigenen Inneren aufgeschlossen und aufmerksam zu sein und eigene Bedürfnisse zu berücksichtigen – wurde eine entscheidende Rolle im schöpferischem Prozess zugeschrieben.

UNABHÄNGIGKEIT VOM URTEIL ANDERER MENSCHEN

Als großer Vorteil für die schöpferische Arbeit wurde eine Charaktereigenschaft beschrieben, die darin besteht, innerlich unabhängig vom Urteil anderer zu sein, eine gewisse Unbeirrbarkeit in den eigenen Überzeugungen bzw. ästhetischen Vorstellungen zu haben, die der eigenen kreativen Arbeit zugute kommt. Diese Unabhängigkeit wurde, als die Freiheit etwas zu schaffen beschrieben, auch dann wenn das Geschaffene auf Ablehnung stoßen könnte. Wichtige Voraussetzung für das eigene Schaffen soll vielmehr sein, dass die Art des Geschaffenen seinem Schöpfer entspricht bzw. dem Inneren der Person entspricht, der das Werk gilt. Ferner besteht diese Unabhängigkeit für einige der befragten Künstler darin, den Wert des kreativen Produkts nicht daran festzumachen, ob die Arbeit bei Dritten Gefallen oder Missfallen erweckt.

4.2.1.3 Fördernde Faktoren auf der emotional-motivationalen Ebene

Auf der emotional-motivationalen Ebene wurden die folgende fördernde Faktoren künstlerischen Arbeitens genannt:

BEREITSCHAFT UND LUST

Die innere Bereitschaft dazu, künstlerisch zu arbeiten, wurde für den Schaffensprozess als sehr förderlich angesehen. Es wurde berichtet von dem entscheidenden Gefühl, "so weit zu sein" und wie erst dadurch sichtbare künstlerische Entwicklung in Bewegung gesetzt wurde. Mit der inneren Bereitschaft geht das Empfinden von Lust in Bezug auf die Arbeit einher. Weiter wird die Lust auf die Arbeit als Quelle innerer Kraft beschrieben, die einen dazu befähigt, die Arbeit auf sich zu nehmen.

POSITIVE GEFÜHLE – SPAß

Positive Gefühle werden als förderlich für den Schaffensprozess angesehen. Insbesondere Spaß zu haben bei dem was man tut, wurde als starke

Antriebskraft in Bezug auf die schöpferische Arbeit beschrieben. Wenn die künstlerische Arbeit Spaß macht, möchte der Künstler sich weiterhin darauf einlassen, weiter machen, dabei Neues ausprobieren. Andererseits vergeht die Zeit schnell dabei und das Gefühl, dass es nichts anderes in dem Moment gibt, bestimmt das Handeln.

STARKE GEFÜHLE – WUT

Ein weniger erfreuliches Gefühl, die Wut, wurde in Zusammenhang mit dem kreativen Schaffensprozess genannt. Es wurde von einem der interviewten Personen darüber berichtet, dass Wut zu einem früheren Zeitpunkt der eigenen künstlerischen Entwicklung ebenfalls einen begünstigenden Einfluss auf den kreativen Schaffensprozess hatte, weil dieses Gefühl die Energie lieferte, die nötig war, um überhaupt erst anzufangen, etwas zu tun.

4.2.1.4 Fördernde Faktoren auf der kognitiven Ebene

Folgende fördernde Faktoren künstlerisches Schaffen, die der kognitiven Ebene zugeordnet werden können, wurden von den interviewten Künstlern benannt und erläutert:

UNABHÄNGIGKEIT VON AUßENBEWERTUNG: AUTONOMIE

Als besonders förderlich für das kreative Schaffen wurde die Unabhängigkeit von Außenbewertung benannt. Gemeint wird dabei sowohl die Unabhängigkeit des Handelns als auch die innere, sozusagen eine eher emotionale Unabhängigkeit. Diese Autonomie bzw. diese Unabhängigkeit vom Urteil anderer Menschen wird nicht nur als angenehm befreiend empfunden, sondern befähigt zugleich dazu, angstfrei die eigenen künstlerischen Ideen und Vorstellungen gestalterisch umzusetzen, selbst dann, wenn – bzw. manchmal auch gerade dann – diese sehr unkonventionell, "anders" anmuten.

SELBSTBESTIMMUNG UND LEICHTIGKEIT

Als ebenfalls sehr positiv für die schöpferische Arbeit wurden Selbstbestimmung bezüglich der Arbeit und eine damit einhergehende Leichtigkeit beschrieben. Es wurde die Ansicht geäußert, dass künstlerische Freiheit den Schaffensprozess begünstigt; d. h., je mehr künstlerische Freiheit dem Schaffenden gewährt wird, um so leichter verläuft der Schaffensprozess aus der Sicht mancher der interviewten Künstler. Dies spiegelt sich in einer erhöhten schöpferischen Produktivität sowie in einer höheren Qualität des künstlerisches Produkts selbst wider.

GELINGEN DER ARBEIT UND DAS DAMIT VERBUNDENE GEFÜHL DER ERFÜLLUNG
Als fördernden Aspekt künstlerischen Schaffens wurde auch das Erkennen des Gelingens der Arbeit, des "guten" Ergebnisses hervorgehoben. Wird eine Arbeit als gelungen empfunden, so stellen sich unmittelbar Gefühle der Erfüllung und der tiefen Zufriedenheit ein. Diese Gefühle können zusätzlich von körperlichen Empfindungen der Entspannung und Gelöstheit begleitet sein, was als extrem angenehm empfunden wird. Verglichen wurde dieses Erleben auch mit einem rauschähnlichen Zustand.

BEGRENZUNG EIGENER ANSPRÜCHE UND SELBSTKRITIK
Als förderlich für die kreative Arbeit wurden die Begrenzung eigener Ansprüche und Selbstkritik genannt. Die Fähigkeit überhöhte Erwartungen hinsichtlich der eigenen Leistung zu reduzieren, d. h., das Erkennen und Akzeptieren der eigenen Realität, wird ebenfalls als günstige Voraussetzung für die kreative Arbeit beschrieben. Gleichzeitig wurde von Künstlern berichtet, die durch zu hohe Ansprüche bald verzweifelt und nicht mehr imstande waren, künstlerisch weiterhin tätig zu sein.

RISIKOBEREITSCHAFT ZU EINER EVENTUELL MISSLUNGENEN ARBEIT - SCHEITERN WAGEN UND DADURCH FREIRÄUME SCHAFFEN
Als positiver, förderlicher Aspekt für künstlerisches Schaffen wurde die Risikobereitschaft in Bezug auf künstlerisches Handeln erwähnt. Gemeint ist dabei die Risikobereitschaft zu einer unter Umständen misslungenen Arbeit. Die interviewten Künstler beschrieben, wie durch das Eingehen des Wagnisses zur Zerstörung und der Möglichkeit des Scheiterns des entstehenden künstlerischen Produkts, in der unmittelbaren Konsequenz innere Freiräume entstehen. Hierdurch werden mehr Bewegung, Lebendigkeit und Spontaneität möglich. Diese wiederum galten als Aspekte, die auf das künstlerische Schaffen einen ebenfalls positiven Einfluss ausüben.

SUCHE ALS TREIBENDE KRAFT
Das Gefühl, dass da noch "etwas" kommen müsste, hält die Suche nach diesem unbestimmten Etwas aufrecht. Diese Suche und das damit verbundene Gefühl des "noch nicht am Ziel angekommen sein" wurden als Motor für künstlerisches Schaffen bezeichnet.

DAS SPIELERISCHE, DIE LEICHTIGKEIT
Das Spielerische wurde als ein stark förderlicher Aspekt künstlerischen Arbeitens angeführt. Eine spielerische Einstellung erlaubt einen "lockeren", einen flexiblen Umgang mit eigentlichen "Fehlern" und Pannen, ermöglicht neue Sichtweisen und erhöht den Spaß und die Freude an der Arbeit. Dieser

Weg der Leichtigkeit wurde, im Gegensatz zu "durch Schweiß und Tränen gehen" als wesentlich effektiver bezeichnet.

INTERESSE UND SPAß

Starkes Interesse für das zu haben, was man tut und auch Spaß an der eigenen Arbeit wurden als wichtige Grundbedingungen für schöpferisches Schaffen und gleichsam als stark förderliche Faktoren kreativer Arbeit beschrieben.

RUHE, GELASSENHEIT, STILLE

Einen positiven Einfluss auf die schöpferische Arbeit scheinen nach den Aussagen einiger Künstler die Eigenschaften der Ruhe, Gelassenheit und Stille zu haben und zwar sowohl in innerer, wie auch in äußerer Form. Diesen wurde eine günstige Wirkung auf den künstlerischen Schaffensprozess zugeschrieben. Für den einen ist eher die äußere Ruhe wichtige Grundbedingung für die schöpferische Tätigkeit, also frei von Störungen und Unterbrechungen arbeiten zu können, für den anderen ist eher die innere Ruhe, das, worauf es ankommt.

VEREINFACHUNG DURCH REDUKTION

Des Weiteren wurde von der förderlichen Wirkung des maßvollen Umgangs mit erforderlichen "Materialien" auf das künstlerische Arbeiten berichtet. Damit gemeint wurde eine Art Minimalismus, d. h., ein Einschränken der Farben und Formen auf das Minimum. Es wurde geäußert, dass diese Art der Reduktion die Arbeit leichter macht. Diese Erleichterung der Arbeit wiederum scheint eine förderliche Wirkung auf den kreativen Schaffensprozess zu haben. Außerdem wurde berichtet, in der Wiederholung von Arbeitsvorgängen bzw. im Einhalten einer gewissen Kontinuität, liege ein Schlüssel zur Erleichterung der künstlerischen Arbeitsprozesse.

BEWUSSTHEIT UND GEISTESGEGENWART

Einen günstigen Einfluss auf den künstlerischen Schaffensprozess haben nach der Aussage eines der Künstler Bewusstheit und Geistesgegenwart. Als ebenfalls hilfreich wird die Fähigkeit empfunden, in der aktuellen bzw. jetzigen Aufgabe – unabhängig davon, welche das ist – aufzugehen bzw. geistig vollkommen präsent zu sein – und dabei nicht schon an das Nächste zu denken. Weiter wurde die Auffassung geäußert, dass künstlerische Arbeit von mentalen Praktiken, wie z. B. regelmäßiger Meditation, profitiert und zwar u. a. deshalb, weil dabei Wahrnehmung und Bewusstsein geschärft werden.

DAS "GEFÜHL" DER EIGENEN SCHÖPFERISCHEN PRODUKTIVITÄT
Als eines der besonders förderlichen Aspekte des kreativen Schaffensprozesses wurde das Gefühl eigener Produktivität beschrieben. Das Gefühl selbst etwas selbst geschaffen zu haben, erweckt positive Gefühle, wie z. B. Freude, Stolz und Erfüllung. Ferner regt das Gefühl der eigenen Produktivität dazu an, sich erneut auf weitere schöpferische Prozesse einzulassen.

FLEXIBILITÄT UND OFFENHEIT BEZÜGLICH DES ERGEBNISSES
Flexibilität als die Fähigkeit, sich von den eigenen ursprünglichen Ideen, Entwürfen, Vorstellungen, usw. zu distanzieren und sich auf den schöpferischen Prozess einzulassen, der unmittelbar und konkret durch das kreative Arbeiten selbst in Gang gesetzt wird, wurde als besonders bedeutungsvoller Aspekt schöpferischer Arbeit beschrieben. Außerdem wird diese Flexibilität als Fähigkeit verstanden, aus Mängeln, Pannen, Missgeschicken, u. ä. das Beste zu machen, was momentan möglich ist. Anstatt stets Perfektion anzustreben, werden auf phantasievolle, eben "kunstvolle" Weise, plötzlich auftauchende Defizite als Teil des Arbeitsprozesses akzeptiert und in das künstlerische Produkt so integriert, dass dabei etwas Neues und Überraschendes entsteht. Die Auswirkungen dieser Form von Flexibilität wurden als sehr günstig für die kreative Arbeit beschrieben.

"DAS RICHTIGE" FÜR SICH SELBST TUN
Als förderlich wurde das Gefühl beschrieben, das zu tun, was für einen selbst "das Richtige" ist. Wichtiges Merkmal des "Richtigen" ist nach der Ansicht eines der Künstler, dass es etwas ganz "eigenes" an sich haben muss, von demjenigen selbst geschaffen worden sein muss. In dem Moment, wo dieses "Richtige" entsteht bzw. gefunden wird, erwächst daraus eine große Gewissheit bezüglich der subjektiven Richtigkeit des eigenen künstlerischen Weges. Damit einher geht eine starke Selbstsicherheit, frühere Zweifel verflüchtigen sich, die eigene Arbeit bedarf der äußeren Bestätigung nicht mehr.

KONZENTRATION
Sich ohne Unterbrechungen und Ablenkungen durch andere Verpflichtungen dem künstlerischen Schaffensprozess konzentriert widmen zu können, wurde als sehr förderlich für eben diesen beschrieben. Einer der Künstler berichtete z. B. darüber, welche positive Wirkung es auf seine kreative Arbeit hat, wenn er zumindest zeitweise von der Notwendigkeit frei gestellt ist, einer zweiten Tätigkeit nachzugehen. Die Abwesenheit von ansonsten regelmäßigen Unterbrechungen, die ja üblicherweise durch die Notwendigkeit entstehen, sich an mehreren Tagen in der Woche mit anderen Dingen

beschäftigen zu müssen, wird in der Regel genossen und als kostbare Möglichkeit konzentriert zu arbeiten, sehr geschätzt. Die erhöhte Konzentration für die Arbeit bzw. die Möglichkeit sich mit "nur" einer Sache auf einmal beschäftigen zu können, wurden als sehr förderlich für den Schaffensprozess beschrieben. Dadurch entstünden rasche Fortschritte.

4.2.1.5 Fördernde Faktoren auf der physischen Ebene

MOTORISCHE UNRUHE DER HÄNDE UND FINGER
Als eine Art treibende Kraft für das künstlerische Schaffen wurde von einem der Künstler das Gefühl des Missempfindens an Händen und Fingern beschrieben. Diese äußert sich in einer Art motorischer Unruhe der benannten Körperteilen und stellt sich ein, sobald über einen etwas längeren Zeitraum nicht gemalt werden konnte.

KÖRPERLICHE BEWEGUNG
Es wurde von den günstigen Auswirkungen berichtet, die eine mäßige körperliche Betätigung auf die eigene Verfassung und auf die schöpferische Arbeit haben kann. Dabei reicht das Spektrum vom Laufen, über Waldspaziergänge, bis hin zu ganz einfachen und alltäglichen Bewegungsabläufen, wie sie z. B. beim gewöhnlichen Saubermachen verrichtet werden. Insbesondere dann, wenn der Arbeitsprozess ins Stocken geraten ist und die Gedanken wieder zum Fließen gebracht werden sollen oder wenn die eigene Verfassung durch emotionale oder sonstige Konflikte beeinträchtigt ist, wird äußerer Bewegung eine wohltuende Eigenschaft zugeschrieben. Ferner kann Bewegung nach Ansicht einiger der Befragten gleichzeitig eine willkommene "innere Bewegung" auslösen, die der kreativen Arbeit zugute kommt.

4.2.2 Aussagen zu hemmenden Faktoren des Schaffensprozesses

4.2.2.1 Soziale Situationen

Insbesondere soziale Situationen werden als ungünstig für die künstlerisch schöpferische Arbeit beschrieben. Es wird empfunden, dass diese Situationen Voraussetzungen dafür schaffen, insbesondere Vergleich, Außenbewertung und Anpassungsdruck zu begünstigen und insgesamt den Erfolgsdruck auf den Einzelnen erhöhen. Dies wiederum führt zu Zwängen, zu dem Gefühl, Normen einhalten zu müssen und dem Gefühl beobachtet zu sein. All dies wirkt sich nach der Ansicht der befragten Künstler in der Regel sehr negativ auf die kreative Arbeit aus. Die folgende Auflistung der von den Künstlern benannten hemmenden Faktoren schöpferischer Arbeitsprozesse verdeutlichen dies:

SOZIALER DRUCK DURCH DIE ANWESENHEIT DRITTER WÄHREND DER ARBEIT – BEWERTUNG VON AUßEN UND DAS GEFÜHL, BEOBACHTET ZU SEIN
Als hemmender Faktor künstlerischen Schaffens wird die gelegentliche Notwendigkeit genannt, innerhalb einer sozialen Situation zu arbeiten. Dieses Arbeiten in Anwesenheit Dritter wird oft als schwierig, gar als störend, geschildert. Muss die kreative Arbeit dennoch in Anwesenheit anderer Personen verrichtet werden, wie es z. B. bei der ganz speziellen Situation des Porträtmalens der Fall ist, so entsteht aus der Sicht des Schaffenden ein starker Druck, der sich unmittelbar auf die Arbeit überträgt. Dieser entsteht in erster Linie dadurch, dass der Schaffende die Erwartungen der anderen Person wahrnimmt und sich hin und her gerissen fühlt, zwischen dem Druck, diese Erwartungen zu erfüllen oder eigenen Kriterien zu folgen, was mit dem Risiko einer anschließenden negativen Bewertung des Arbeitsergebnisses durch die andere Person verbunden ist. Wenn der Künstler andererseits versucht die Erwartungen des Auftraggebers bzw. der beobachtenden Person zu erfüllen, wird es für den Schaffenden bald schwierig, weiter zu arbeiten, die Arbeit wird ihm "fremd", will nicht fließen, klappt nicht und erfüllt im schlimmsten Falle keineswegs die eigenen Kriterien. Anstatt mit sich selbst und dem schöpferischen Arbeitsprozess beschäftigt zu sein, ist der Maler plötzlich mit dem zwischenmenschlichen Geschehen zwischen sich und einem anderen konfrontiert, sucht die Balance, fühlt sich beobachtet. Oft endet dies im Frust – im schlimmsten Falle sogar für beide Seiten.

ANPASSUNGSDRUCK DURCH VERGLEICH, BEWERTUNG UND NORMIERUNGSTENDENZEN INNERHALB DER KÜNSTLERDOMÄNE
Als hemmend für die schöpferische Arbeit wird das Vergleichen des eigenen künstlerischen Stils mit bestimmten aktuellen Strömungen und Tendenzen empfunden, weil daraus oft ein großer Druck resultiert, die eigene Arbeit an diese Strömungen anzupassen. Besonders groß ist der Druck, diesen Strömungen zu folgen und das eigene Werk daran anzupassen dann, wenn diese künstlerischen Richtungen und Trends großes Ansehen in der Öffentlichkeit erregen, gut bei den Kritikern und Galeristen ankommen, sich toll verkaufen usw. also, wenn die irgendwie "angesagt" sind und zwar auch dann, wenn diese Stilrichtungen sich in keiner Weise mit dem Eigenen decken, einem überhaupt nicht zusagen, keinen Bezug zu den eigenen Wünschen oder zum eigenen Schaffen haben. Von einem der Künstler

werden Vergleich und Bewertung als allgegenwärtige Elemente unserer Gesellschaft, trotz ihrer negativen Wirkung, angesehen.

FREMDBESTIMMUNG – MANGEL AN KÜNSTLERISCHER FREIHEIT
Als weiterer hemmender Faktor kreativer Arbeit wurde der Mangel an künstlerischer Freiheit beschrieben. Gelegentlich ist dieser in Auftragsarbeiten zu erkennen, bei denen der Auftraggeber im Vorwege eine sehr präzise Vorstellung zum Ausdruck bringt, wie das Ergebnis der Arbeit am Ende aussehen soll. Diese Vorstellung will der Auftraggeber dann im Endergebnis der Arbeit realisiert sehen. So werden Arbeitsbedingungen erzeugt, die als sehr hemmend – gar als lähmend – beschrieben wurden und die zu großen Enttäuschungen auf beiden Seiten führen können. Zudem wird die Erfahrung der mangelnden künstlerischen Freiheit meist als kränkend und schmerzvoll erlebt.

NEGATIVE BEWERTUNG VON AUßEN – MANGELNDE ACHTUNG DER KÜNSTLERISCHEN LEISTUNG
Mangelnde Wertschätzung der künstlerischen Arbeit generell durch Dritte oder z. B. durch den Auftraggeber sowie eine negative Bewertung des – aus der Sicht des Künstlers fertigen und gelungenen – künstlerischen Produkts wird im hohen Maße als hinderlich und hemmend für den kreativen Schaffensprozess angesehen und als persönlich kränkend und verletzend empfunden. In manchen Fällen kommen zu der negativen Bewertung der Arbeit ebenfalls konkrete Veränderungswünsche oder gar "Vorschläge" dazu, die dem Künstler erteilt werden, was von diesem als "sehr schlimm" angesehen wird.

ZWÄNGE, ERWARTUNGEN, SORGEN
Eine unklare wirtschaftliche und soziale Situation im persönlichen Bereich wird als sich ungünstig auswirkend auf die künstlerische Arbeit konstatiert. Dabei wurden der Versuch bzw. die Versuchung, gesellschaftliche Erwartungen zu erfüllen, sich nach gesellschaftlichen Konventionen und Normen zu richten, ebenso wie materielle Sorgen, wurden als "kreativer Hemmschuh" für künstlerisches Schaffen bezeichnet. Insbesondere wurde der negative Effekt von Geldsorgen, Zwängen und der Vorstellung, bürgerliche Lebensstandards erfüllen zu müssen, hervorgehoben.

4.2.2.2 Negative Kognitionen in Bezug auf die Arbeit

MONOTONIE, WIEDERHOLUNG, WENIG ABWECHSLUNG

Die Wirkung von Eintönigkeit, z. B. durch eine zu starre Arbeitsroutine, wenig Abwechslung, zu häufige Wiederholungen der Arbeitsabläufe, eine reizarme Umgebung, u. ä. wurden als negativ und hemmend für den schöpferischen Schaffensprozess beschrieben. Durch zu wenig Abwechslung kommt es bei manchen der Künstler zu einer "inneren Schläfrigkeit", also zu einer geistigen Ermattung, die dem kreativen Schaffensprozess schadet.

MISSLINGEN DER ARBEIT BZW. NEGATIVE SELBSTBEWERTUNG DER ARBEIT

Wird das schöpferische Produkt von seinem Schöpfer selbst als misslungen angesehen, weil es z. B. den eigenen Bewertungskriterien nicht gerecht wird, so hat dies einen entschieden negativen Einfluss auf den weiteren Verlauf der kreativen Arbeit. Das subjektive Gefühl, das die vollbrachte Arbeit misslungen sei, wurde als demotivierend und hemmend für weiteres Schaffen bezeichnet.

WENIG BEFRIEDIGUNG DURCH DIE ARBEIT

Bringt die Arbeit aus unterschiedlichsten Gründen – z. B. weil kein wirkliches Interesse daran besteht – wenig Befriedigung ein, so wirkt sich diese mangelnde Befriedigung wiederum auf den Schaffensprozess negativ aus.

STRESS UND ÜBERLASTUNG

Es wurde darüber berichtet, dass belastende Situationen – darunter speziell Stresssituationen – die kreative Arbeit stark beeinträchtigen können; bis hin zu der Unmöglichkeit unter Stress künstlerisch tätig zu sein. Von den meisten der interviewten Künstler wurden Überlastung und Überforderung für deren künstlerische Arbeit als "hinderlich" bezeichnet. Es wurden unterschiedliche Situationen benannt, die zu Überlastung führen können. Dabei handelt es sich z. B. – neben zahlreichen familiären und sozialen Verpflichtungen – um das Nachgehen einer zusätzlichen Beschäftigung parallel zu der künstlerischen Arbeit, sowie das Bewältigen eines sehr anspruchsvollen Alltags. Dieses wurde als starke Ablenkung angesehen, denn dabei kommt es zu längeren Unterbrechungen des eigenen kreativen Rhythmus. Anschließend würden lange Regenerationspausen benötigt, und dies machte es wiederum schwer, später den Faden erneut aufzugreifen. Als Folge von Überlastung, z. B. durch zu viel Arbeit, wurden große Motivationstiefs und Lustlosigkeit in Bezug auf die künstlerische Arbeit genannt.

4.3 Aussagen zur Rolle des sozialen Austauschs für den Schaffensprozess

Die meisten der interviewten Personen schätzen den regelmäßigen Gedanken- und Erfahrungsaustausch sehr. Entscheidende Bedingung dabei ist, dass der Künstler das Gefühl hat, dass sich die Person, mit der dieser Austausch stattfindet, für diesen Austausch eignet. Meistens kommen dabei bestimmte Künstlerkollegen oder der Partner in Frage. Im Allgemeinen wird der Austausch mit bestimmten Kollegen als inspirierend und anregend angesehen und geschätzt, während der Austausch mit Kunden und Auftraggebern als schwierig beschrieben wurde. Oft sind einfach Freunde die wichtigsten Austauschpartner, allerdings wurde von einem der Künstler hervorgehoben, dass sich so ein Freund mit Malerei gut auskennen müsse. Weiter wird Austausch in erster Linie als Möglichkeit zum kunstgeschichtlichen Austausch begriffen und als Chance, die eigene künstlerische Position in der heutigen Zeit bzw. Künstlerdomäne zu bestimmen. Einer der interviewten Künstler sieht den künstlerischen Austausch als kulturelles Ereignis, denn durch seine Bilder sollen Verständigungsbrücken zwischen unterschiedlichen Kulturen geschaffen und Menschen unterschiedlicher Herkunft aufeinander neugierig gemacht werden. Weiter wurde der Austausch zwischen einem bestimmten Betrachter und dem künstlerischen Produkt als stellvertretend für den Austausch zwischen dem Betrachter und dem Künstler selbst angesehen. In dem Zusammenhang wurde die Überzeugung geäußert, dass wenn einem bestimmten Betrachter eine beliebiges künstlerisches Produkt missfällt, dies vergleichbar sei mit einer misslungenen Kommunikation zwischen dem Betrachter und dem Künstler selbst.

4.4 Aussagen zur Rolle der eigenen Befindlichkeit für den Schaffensprozess

Die folgenden Punkte wurden von den interviewten Künstlern im Zusammenhang mit der Rolle ihrer eigenen Befindlichkeit für den künstlerischen Arbeitsprozess genannt und exemplarisch erläutert.

WECHSELWIRKUNG ZWISCHEN ERGEBNIS DER ARBEIT UND STIMMUNG
Von einer Wechselwirkung zwischen dem Ergebnis der Arbeit und der eigenen Stimmung bzw. der eigenen Verfassung wird fast von allen der interviewten Künstlern – ausführlich berichtet. Ein positives Arbeitsergebnis wird generell von starken Glücksgefühlen und Gefühlen der eigenen schöp-

ferischen Produktivität und Schaffenskraft begleitet, während ein Misslingen der Arbeit dagegen zu Frustration, depressiven Verstimmungen und starken Ängsten führen kann. Dies geht oft mit plagenden Zweifeln bezüglich des eigenen Könnens, bis hin zu Fragen der eigenen beruflichen Identität, einher.

UNVERMEIDBARKEIT DES EINFLIEßENS DES "EIGENEN WESENS" IN DIE ARBEIT
Es wurde von einem engen Zusammenhang zwischen der eigenen kreativen Arbeit und dem eigenen Selbst berichtet. Die Vermischung dieser beiden Aspekte wurde als unvermeidbar bezeichnet, dabei wurde die Ansicht geäußert, es sei das eigene Wesen, das in das kreative Produkt "hineinfließt".

BESTREBEN NACH EINEM STIMMUNGUNABHÄNGIGEN ARBEITEN
Einige der interviewten Künstler berichteten von dem Bestreben, sich von eigenen Empfindungen und Stimmungen in dem Maße zu emanzipieren, dass ein "stimmungunabhängiges" Arbeiten möglich wird. Dabei wurde von manchen der Künstler die Ansicht geäußert, stimmungunabhängiges Arbeiten sei mit Professionalität gleichzusetzen. Weiter wurde der Wunsch geäußert dem eigenen Befinden keine oder wenn, dann wenigstens in verwandelter bzw. "veredelter" Form, eine Rolle beim schöpferischen Schaffen zuzugestehen.

VERÄNDERTE BZW. MEDITATIVE BEWUSSTSEINSZUSTÄNDE STELLEN SICH DURCH DIE ARBEIT EIN
Es wurde von meditativen Bewusstseinszuständen berichtet, die sich unmittelbar durch das Verrichten der künstlerischen Tätigkeit einstellen.

BEI STARKEN UND NEGATIVEN GEFÜHLEN BEWEGUNGSDRANG
Starke und negative Gefühle führen – nach der Ansicht einiger der interviewten Künstler – meistens zu einem starken Bewegungsdrang und weg von der Staffelei bzw. von der Malerei. In dem Maße, in dem diesem Bedürfnis nach körperlicher Bewegung nachgegeben wird, verbessert sich das eigene Befinden, es wird umgewandelt, was sich in einer günstigeren Arbeitsstimmung ausdrückt. Dabei sind in der Regel einfache Waldspaziergänge, energisches Aufräumen oder Radfahren beliebte Mittel, um sich selbst wieder zu sammeln und den Kopf zu ordnen.

BEI SCHLECHTER VERFASSUNG WIRD DIE EIGENE ARBEITSQUALITÄT ALS "VERMINDERT" EMPFUNDEN
Es wurde von einer Verschlechterung der Arbeitsqualität bei negativer Verfassung berichtet, wie sie z. B. bei negativen Gefühls- und Spannungszu-

ständen gegeben ist, berichtet, bei der Unruhe, Nervosität u. ä. in engem Zusammenhang mit "schlechten" bzw. "misslungenen" Arbeiten stehen.

ES FINDET STETS EINE INNERE AUSEINANDERSETZUNG MIT DER ARBEIT STATT
Es wurde auch darüber berichtet, dass immer auch eine emotionale Auseinandersetzung mit der künstlerischen Arbeit stattfindet bzw. Bestandteil dieser ist.

MALEREI WIRD ALS QUELLE POSITIVER GEFÜHLE ERLEBT
Für viele der interviewten Künstler stellt die Beschäftigung mit Malerei eine Quelle positiver Gefühle dar. Malerei ist für sie mit extrem positiven Gefühlen verbunden.

MALPAUSEN RUFEN NEGATIVE GEFÜHLE BZW. INNERE SPANNUNG HERVOR
Längere Malpausen hingegen werden von den interviewten Künstler als Ursache für negative Gefühle und innere Spannungen angesehen.

AUSDRUCK EIGENEN BEFINDENS ABHÄNGIG VON DER SOZIOKULTURELLEN SITUATION
Manche der Künstler berichteten von dem eindeutig regulierenden Effekt, den soziale bzw. soziokulturelle Situationen auf den Ausdruck eigenen Befindens haben. Das Alleinsein hingegen beschert ihnen zumeist eine größere Freiheit der eigenen Ausdrucksmöglichkeiten, die sich in der Arbeit niederschlägt. Manche gaben an, sich in sozialen Situationen nicht frei genug zu fühlen, vor allem was den Ausdruck der Gefühlsregungen betrifft, die in der Gesellschaft als eher negativ gelten und generell in sozialen Situationen nicht oder nur schwer schaffen zu können, aber mit Sicherheit nicht in der gewohnten Weise, da sie sich unter dem starken Gefühl der Beobachtung, gehemmt fühlen.

4.5 Aussagen zum Ausdrucksgehalt künstlerischer Mittel

Die folgenden Punkte wurden von den interviewten Künstlern im Zusammenhang mit dem Ausdrucksgehalt künstlerischer Mittel (darunter sind z. B. Farbe, Linienführung, Fläche u. ä. zu verstehen) genannt und exemplarisch erläutert.

Farbe

FARBWAHL GESCHIEHT INTUITIV

Die Farbwahl, die der Künstler innerhalb des Schaffensprozesses eines Gemäldes trifft, wurde von den meisten Interviewten als ein stark intuitiver Vorgang beschrieben. Farben werden dabei nicht nach rationellen Erwägungen ausgesucht, sondern rein "nach Gefühl". Eine Künstlerin berichtete etwa von einer Stimme, die ihr die "richtige" Farbe zuflüstert.

FARBWELT BESTIMMT DEN AUSDRUCK

Es wurde die Ansicht geäußert, dass die Gesamtheit der Farben in einem Gemälde, also die Farbpalette, von entscheidendem Einfluss für den Ausdruck des Gemäldes sei. So wurde z. B. bei der Portraitmalerei hervorgehoben, es sei die Fähigkeit, die Vielfalt der Farbpalette der im Gesicht eines Menschen vorhanden Farben im Portrait wiederzugeben, was ein Portrait zu einem guten Portrait werden lasse, was es "erst richtig lebendig mache".

BEVORZUGUNG EINER BESTIMMTEN FARBPALETTE: DIE "EIGENEN" FARBEN, DIE "EIGENE GRUNDFARBWELT"

Es wurde vielfach von einer recht stabilen Neigung berichtet, immer wieder zu einer bestimmten Farbpalette zu greifen bzw. zu ähnlichen Farben zu tendieren. Diese "Lieblingsfarben" kommen in den Arbeiten desjenigen Künstlers gewissermaßen regelmäßig zum Einsatz und werden daher oft als "die eigenen" Farben empfunden. Meistens handelt es sich dabei um Farben, bei denen der Künstler sich sehr wohlfühlt, zu denen er sich stark hingezogen fühlt. So bevorzugen die einen z. B. den Umgang mit reduzierten Farbbereichen, mit "zurückgenommenen" Farben, weil sie diese als viel angenehmer empfinden; andere hingegen fühlen sich in der Arbeit mit kräftigen Farben wohler.

VORHANDENSEIN EINER WECHSELWIRKUNG ZWISCHEN FARBWAHL UND EIGENER STIMMUNG BZW. MOMENTANEM WOHLBEFINDEN MIT DIESER FARBE

In manchen Fällen wurde von einer Wechselbeziehung zwischen dem eigenen Befinden und der bevorzugten Farbwahl berichtet. Von mehreren der interviewten Künstler wurden Farben die Fähigkeit zugeschrieben, eine bestimmte Stimmung im Menschen auszulösen und umgekehrt. D. h., dass eine bestimmte Stimmung den Menschen dazu veranlassen könne, zu einer "entsprechenden" Farbe zu greifen. Es wurde ebenfalls die Auffassung geäußert, jede Farbe habe generell eine Wirkung auf den Menschen und einen Bezug zur Stimmungslage.

AUßENEINFLÜSSE KÖNNEN BEI DER FARBWAHL EINE ROLLE SPIELEN

Auch der Umwelt wurde eine gewisse Einflusskraft auf die Farbwahl zugeschrieben. Es wurde von dem Einfluss berichtet, den die Jahreszeiten auf die Farbwahl haben können, so kann z. B. der Frühling durch seine veränderten Lichtverhältnisse und Farbspektrum dazu anregen, die gewohnte Farbpalette im Sinne der umgebenden Farben zu verändern.

DAS FARBEMPFINDEN IST GEKOPPELT AN DAS SUBJEKTIVE ERLEBEN: SYMPATHIE BZW. ANTIPATHIE

Das Farbempfinden wurde als an das subjektive Erleben des einzelnen Betrachters gekoppelt beschrieben. Insbesondere der persönlichen "Sympathie" bzw. "Antipathie" für eine bestimmte Farbe wurde dabei eine entscheidende Rolle zugeschrieben. Weiter wurde die Überzeugung geäußert, jeder Mensch verfüge über eine Art persönlich geprägter Farbsprache, die von Mensch zu Mensch stark variieren könne. Insofern wird das Farberleben als eine ganz persönliche Angelegenheit betrachtet, bei der ein und dieselbe Farbe von unterschiedlichen Menschen gänzlich unterschiedlich aufgefasst werden kann. Während eine Person eine bestimmte Farbe als positiv erlebt, kann dieselbe Farbe bei einem anderen Menschen wiederum eine sehr negative Konnotation haben.

FARBEN BESITZEN EINEN EIGENEN CHARAKTER

Trotz der persönlichen Unterschiede im subjektiven Erleben von Farben wurde Farben von mehreren der interviewten Maler ein ganz eigener Charakter zugeschrieben, d. h., eine Art Grundqualität der jeweiligen Farbe, die trotz der benannten Unterschiede im Erleben des einzelnen Menschen erhalten bleibt.

ORIENTIERUNG AN EINER BESTIMMTEN FARBLEHRE

Betreffend der Farbwahl innerhalb eines Gemäldes wurde ebenfalls auf die entscheidende Rolle, die die Akzeptanz einer bestimmten Farblehre für die Arbeit haben kann, hingewiesen. Einer der Künstler berichtete z. B. von seiner persönlichen Affinität zur Goethes Farblehre und wie stark die Farbwahl bei seiner künstlerischen Arbeit in Anlehnung an diese Farblehre geschieht.

KULTURELLER HINTERGRUND

Es wurde die Annahme geäußert, dass persönliche Vorlieben für bestimmte Farben, ferner die klare Bevorzugung bestimmter Farbbereiche und Farbkombinationen auf den kulturellen Hintergrund des einzelnen Menschen zurückgeführt werden können.

Linie und Linienführung

Es folgt eine Aufstellung der zentralen Aussagen über die Linienführung bzw. über die Linie:

Im Allgemeinen wurde der persönlichen Art der Linienführung Aussagekraft über geistige und emotionale Klarheit desjenigen, der diese Linie zieht, zugeschrieben, nach dem Motto: "Klarheit, Entscheidung, Konfrontation bzw. klare Vorstellungen, klare Entscheidungen finden in klaren Linien ihren Ausdruck". Nach der Auffassung einiger Künstler spiegelt sich also innere Klarheit in einer klaren "Liniensprache" wider, während verworrene, diffuse Linien von entsprechendem Geisteszustand zeugen sollen. Für manche der befragten Künstler steht die Linie symbolisch ebenfalls für Konfrontation. Ferner wurde der Linie als künstlerisches Element ein wesentlicher Ausdrucksgehalt zugeschrieben; der von der Art, wie die jeweilige Linie gesetzt wird, abhängig sein soll. Außerdem wurde die Linie als Trägerin des Ausdrucks von Rhythmus und Raumgestalt, als Bestandteil eines jeden Bildes und als das abstrakteste Element überhaupt, beschrieben. Weiter wurde die Linie gewissermaßen als "Ich-Repräsentant" des Malers bezeichnet. Der Linie bzw. der Linienführung wurde von nur einem der Künstler in Bezug auf Malerei keine wesentliche Rolle zugestanden. Dies kann zum Teil in dem persönlichen Arbeitsstil, ferner in der Arbeitstechnik, begründet sein.

Weitere künstlerische Mittel: Ausdruck, Fläche, Format

Ausdruck

Von den meisten Interviewten wurde künstlerischer Ausdruck als "unwillkürlich", dabei "stets vorhanden", beschrieben. Es wurde außerdem von einem der Künstler die Annahme geäußert, jeder Mensch verfüge über einen ganz eigenen Ausdruck sowie ein eigenes "visuelles Repertoire". Der Ursprung dieses persönlichen visuellen Repertoires soll nach einem der Künstler zum Teil im Individuellen und zum Teil im kollektiven Gut begründet sein.

Fläche

Zunächst einmal wurde die Fläche als Bestandteil eines jeden Bildes beschrieben. Weiter wurde eine beliebige Fläche im Bild als Trägerin eines

Bedeutungsinhalts angesehen. Es wurde die Auffassung geäußert, Aussage und Bedeutung einer beliebigen Fläche ergäben sich aus der sinnlichen Qualität ihrer Oberfläche. So schrieb einer der Künstler etwa der stumpfen Fläche die Qualitäten der Neutralität, Leere, Stummheit und der Erholung zu. Weiter bezeichnete er z. B. Flächen von glänzender lackartiger Oberfläche als kühl und distanziert, schwarze Graphitflächen als "tot" usw.

Format

Nur einer der Künstler schien das Thema des Bildformats erwähnenswert zu sein. Er beschrieb einen Zusammenhang zwischen dem Bildformat einer Arbeit und echter bzw. intendierter Autorität. Ein großes Format könne nach dieser Auffassung als Versuch seines Urhebers verstanden werden, als Autorität zu wirken.

4.6 Aussagen zu den persönlichen Zielen künstlerischen Schaffens

Einige der interviewten Künstler berichteten von persönlichen Zielen, die durch künstlerisches Schaffen verwirklicht werden sollen. Diese persönlichen Ziele künstlerischen Schaffens sollen zunächst stichwortartig aufgezählt, anschließend exemplarisch erläutert werden:

KLÄRUNG EINER BESTIMMTEN FRAGESTELLUNG
Als persönliches Ziel künstlerischer Arbeit wurde der Wunsch genannt, eine bestimmte Fragestellung durch die Arbeit selbst zu klären. Für einen der Künstler ging es dabei oft um künstlerische Fragestellungen – z. B. wird die Frage nach der Grenze zwischen Bild und Objekt in den Arbeiten thematisiert. Für einen anderen hingegen geht es dabei eher um philosophische Fragestellungen – z. B. die Frage nach der Stellung des Menschen in der Welt und die Frage der Polarität zwischen Einheit und Trennung von Mensch und Umwelt.

HOHE KÜNSTLERISCHE QUALITÄT ERREICHEN
Ein hohes Maß an künstlerischer Qualität zu erreichen wurde als ein erstrebenswertes Ziel künstlerischer Arbeit benannt. Dabei legt der Künstler die Qualitätskriterien seiner Arbeit selber fest. Von einem der interviewten Künstler wurde die in den Arbeiten erstrebte künstlerische Qualität etwa durch ein bestimmtes Maß an Intensität, Tiefe und Glätte beschrieben bzw.

durch das erfolgreiche Umsetzen eigener Vorstellungen von handwerklicher "Perfektion" gekennzeichnet.

KOMMUNIKATION AUF INTERPERSONELLER UND KULTURELLER EBENE – MÖGLICHKEIT
VERBINDUNG UND ANNÄHERUNG ZU MENSCHEN HERZUSTELLEN
Der Wunsch, sich durch das selbstgeschaffene künstlerische Produkt anderen Menschen mitzuteilen, mit ihnen in Verbindung zu treten, wurde von einigen der interviewten Künstler als wichtiges persönliches Ziel künstlerischer Arbeit hervorgehoben. So berichtete z. B. einer der Künstler, mit seinen Bildern bzw. seiner Kunst verfolge er das Ziel, den Austausch zwischen Menschen unterschiedlicher Kulturkreise anzuregen und zu stärken. Zudem berichtete er davon, seinen Bildern quasi stellvertretende Funktion für seine eigene Person zuzugestehen. Dabei wurde das eventuelle Missfallen der eigenen Arbeit mit misslungener Kommunikation zwischen sich und dem Beobachter verglichen. Ferner wurde Malerei als Möglichkeit beschrieben, sich Menschen anzunähern bzw. Verbindung zu Ihnen herzustellen.

BEWUSSTHEIT ERREICHEN – VERBINDUNG HERSTELLEN ZUM EIGENEN INNEREN
Als Ziel künstlerischen Arbeitens wurde von einem der Künstler das Erreichen von Bewusstheit benannt. Er berichtete, dies geschehe in der Regel durch die Arbeit mit inneren Bildern. Durch das Erreichen von Bewusstheit werde außerdem die Verbindung zum eigenen Selbst, zum eigenen Inneren gestärkt und intensiviert und das wiederum befähige den Künstler darüber hinaus, zunehmend "autark" zu sein, unabhängiger von äußerer Bewertung.

POSITIVES IN DIE WELT GEBEN
Als Ziel künstlerischen Schaffens wurde auch der Wunsch beschrieben, durch dieses Schaffen bzw. durch das künstlerische Produkt eine wohltuende Wirkung auf die Mitmenschen auszuüben, durch Kunst positive Impulse in die Welt zu setzen.

DAS ERREICHEN EINER BESTIMMTEN FORM DER DARSTELLUNG
Das Erreichen einer bestimmten Form der Darstellung wurde ebenfalls als Ziel künstlerischen Schaffens beschrieben. Was aber mit dieser erwünschten Form der Darstellung gemeint ist, kann bei den unterschiedlichen Künstlern sehr verschieden und teilweise stark mit der persönlichen Lebenseinstellung verwoben sein. So ist einer der Künstler etwa um eine Form der Darstellung bemüht, die "scheinbar nicht Zusammengehöriges" miteinander auf ästhetische Art und Weise verbindet und daraus ein Motiv bildet. Einem anderen wiederum geht es um das Erreichen eines "flüssigen"

Ausdrucks in den Bildern, weil dies als Sinnbild für Zusammenhang und Ganzheit angesehen wird. Diese "Themen" durchziehen jeweils die Arbeit desjenigen Künstlers. Sie können als Bestandteil ihrer Grundeinstellung und persönlichen Werte betrachtet werden, daher ist der Wunsch vorhanden, diese in den eigenen Bildern ausgedrückt zu sehen.

ÄSTHETIK
Als persönliches Ziel künstlerischer Arbeit wurden das Ästhetische selbst sowie die Ästhetik "per se" genannt. Der Wunsch Schönes zu schaffen, ist aus der Sicht eines der Befragten zwar sehr unmodern, bleibt aber dennoch stark mit seinen persönlichen Zielen künstlerischen Arbeitens verbunden.

NEUER UMGANG MIT ALTEN INFORMATIONEN
Als Ziel künstlerischen Schaffens wurde die Auseinandersetzung mit Kunstwerken früherer Epochen bzw. mit älteren Kunstformen genannt, um dadurch zu neuen Aussagen zu finden, die zwar auf den alten basieren, dennoch ganz neu sind. Diesem Ziel künstlerischen Schaffens wurde sich durch die Umarbeitung älterer Bilder angenähert. Dabei wurde die Realität der in den Bildern gemachten Aussagen durch die eigene Arbeit "in Frage gestellt". Durch die neue und eigene Aussage, die auf dem vorher bereits vorhandenen – älteren – Bild ihrem Platz findet, schafft der Künstler nach seiner eigenen Auffassung eine neue Realität. Diese könnte später natürlich auch durch ihn selbst oder durch einen anderen in Frage gestellt werden.

5. Zusammenfassung der Ergebnisse

5.1 Die Rolle der Person und ihre Motive für künstlerisches Schaffen

Es wurde zunächst von dem Vorhandensein einer Bereitschaft berichtet, sich mit Fragen der Kunst, der Malerei und der Ästhetik zu befassen. Weiter scheint der künstlerisch veranlagte Mensch häufig über eine erhöhte Sensibilität bzw. Offenheit zu verfügen. Qualitäten wiederum, die ihn in besonderer Weise zum künstlerischen Schaffen befähigen.

5.2 Zusammenfassung der Aussagen zur Vorbereitungsphase

Es wurde von der Möglichkeit berichtet, zu einem bestimmten Lebenszeitpunkt Erfahrungen im künstlerischen Bereich zu machen, die im Rückblick als positive und nachhaltig prägende Lernerfahrungen angesehen werden. Zum positiven Erfahrungsbereich wurde vielfach die Ausbildungszeit gerechnet. Durch eine fundierte Kunstausbildung – bspw. in Malerei oder einem verwandten Bereich, wie Gestaltung, Design, Graphikdesign o. ä. – wurden bestimmte technische Fertigkeiten erworben, und es bot sich gleichzeitig ausreichend Gelegenheit, den eigenen Ausdruck mittels dieser Techniken auszuprobieren. Vor allem durch die Möglichkeit, viel auszuprobieren, kennen zu lernen und zu versuchen, wurde die Ausbildungszeit als Vorbereitung für zukünftiges Schaffen angesehen. Wurden diese – u. U. frühen – Lernerfahrungen im Bereich der Kunst zudem als positiv empfunden, so wirkte sich dies auf späteres künstlerisches Schaffen ebenfalls positiv aus. Geht es um die konkrete künstlerische Handlung, wie bei der Entstehung eines Bildes, so entsteht oft durch visuelle Anregung zunächst ein inneres Bild, eine Vorstellung, und diese möchte der Künstler gestalterisch bzw. bildlich umsetzen. Manche der interviewten Künstler berichteten, diese Vorstellung in der Regel als nächstes auf ihre Realisierbarkeit hin zu überprüfen und vor allem im Hinblick auf das eigene Können, d. h., es wird überprüft, ob künstlerisches "Problem" und eigene Fähigkeiten gewissermaßen zueinander "passen".

5.3 Zusammenfassung der Aussagen zur Inkubationsphase

Als nächstes folgt das Ausprobieren, das Versuchen bzw. das "Herumprobieren". Der Künstler versucht seine Vorstellung in ein künstlerisches Produkt umzuwandeln und kommt dabei seinem Ziel nur in den seltensten Fällen sofort näher. Meist kommt es zu dieser Annährung erst nach vielen Versuchen, daher wurde diese Arbeitsphase als Versuchstadium beschrieben. Ferner wird an dieser Stelle häufig eine Diskrepanz zwischen der eigenen ursprünglichen Vorstellung und den unmittelbaren Ergebnissen der eigenen schöpferischen Arbeit wahrgenommen. Dies führt zu Gefühlen der Frustration, der eigenen Unzulänglichkeit und zu starken Zweifeln bezüglich der Realisierbarkeit des Vorhabens sowie des eigenen Könnens. Durch das viele Ausprobieren und Verwerfen entstehen viele Schichten. Diese Arbeitsphase wurde auch als "Reihe von Zerstörungen" beschrieben.

5.4 Zusammenfassung der Aussagen zur Illuminationsphase

Als nächstes geschieht es nach Aussagen der interviewten Künstler, dass etwas Ungeplantes passiert, was im engeren Sinne als ein Fehler bzw. als ein Missgeschick angesehen wird. Aus diesem Missgeschick aber ergibt sich dann plötzlich und für denjenigen vollkommen unerwartet eine neue Alternative, die nun als die "richtige" Lösung wahrgenommen wird, obwohl sie von der ursprünglichen Idee abweicht. Dieser Zufall führt also zu einer überraschenden und befriedigenden Lösung. Dabei entsteht etwas Neues und zwar in doppelter Hinsicht: die neue Idee, der Einfall ist neu, und das kreative Produkt, das neue Bild. Das Neue im künstlerischen Bereich entsteht aus der Sicht der befragten Maler im Prozess des Machens, also durch die unmittelbare Handlung. Ferner wurde von den meisten Künstlern berichtet, dass die Geschehnisse dieser Arbeitsphase mit starken Gefühlen des Glücks, der Freude über die eigene schöpferische Produktivität, der Erfüllung sowie der Hinführung einhergehen. In dem Moment erlebt sich der Künstler zwar als passiv, empfangend, die richtige Lösung "passiert" ihm. Gleichzeitig nimmt er aber auf der Verstandesebene sein eigenes Handeln wahr.

5.5 Zusammenfassung der Aussagen zur Verifikationsphase

Damit, dass der Künstler etwas Neues geschaffen hat, was ihn zunächst in hohem Maße beglückt, ist das künstlerische Schaffen noch nicht an seinem Ende angelangt. Als nächstes nimmt er Abstand von seinem Werk. Dabei schaut er dieses prüfend an, reflektiert sowohl das künstlerische Produkt als Ergebnis seiner schöpferischen Handlung, als auch die kreative Handlung selbst. Anschließend bewertet der Künstler das Ergebnis seines künstlerischen Schaffensprozesses. Wichtig ist für ihn dabei, dass diese Bewertung nach eigenen Wertmaßstäben vorgenommen wird.

5.6 Zusammenfassung der Aussagen zu fördernden Faktoren

Folgende Faktoren wurden als förderlich für das künstlerische Schaffen von den meisten Künstlern beschrieben:

Frühe bzw. positive Erfahrungen in der Domäne, gezielte Förderung, z. B. finanzieller Art, weil dies oft einen günstigen Arbeitsrahmen ermöglicht und gleichzeitig als Form der Annerkennung für das eigene Schaffen aufgenommen wird. Benannt wurden außerdem Disziplin, Fleiß und das Schaffen und Bewahren eines gewissen Arbeitsrahmens. Hervorgehoben wurde dennoch die Notwendigkeit der Abwechslung, da diese dabei hilft die innere Spannung, die zum kreativen Schaffen notwendig ist, aufrecht zu erhalten. Positive Rückmeldung bzw. Annerkennung für die eigene künstlerische Leistung wurden ebenfalls als förderlich für kreatives Schaffen angesehen. Genannt wurden auch das intensive Zusammensein mit anderen Menschen bzw. das intensive Alleinsein im Anschluss auf solche Zusammenkünfte, sowie ausreichend Zeit zur Verfügung zu haben oder auch die Fähigkeit, Kunst in die Notwendigkeiten des Alltags zu integrieren. Weiter gaben viele der Befragten an, dass bewertungsfreie Räume bzw. Schaffensräume für den kreativen Prozess als sehr wichtig angesehen werden. Weiter wurden folgende Aspekte genannt: Sensibilität; Rücksicht auf eigene Bedürfnisse; Unabhängigkeit vom Urteil anderer; Offenheit; Bereitschaft; Lust; positive Gefühle, wie z. B. Spaß; starke Gefühle, wie z. B. Wut; Unabhängigkeit; Autonomie; Selbstbestimmung; Leichtigkeit; das Gelingen der Arbeit und die damit verbundenen Gefühlen der Erfüllung; die Begrenzung eigener Ansprüche und Selbstkritik; Risikobereitschaft; Suche; das Spielerische; Interesse; Ruhe; Gelassenheit; Stille; Vereinfachung; Bewusstheit; Geistesgegenwart; Gefühle der eigenen Produktivität; Flexibilität und Offenheit bezüglich des Ergebnisses; das "Richtige" für sich selbst tun; Konzentration; motorische Unruhe an Händen und Fingern sowie körperliche Bewegung.

5.7 Zusammenfassung der Aussagen zu hemmenden Faktoren

Folgende wichtigste hemmende Faktoren des künstlerischen Schaffensprozesses wurden beschrieben:

Soziale Situationen; sozialer Druck; beobachtet werden bzw. sich beobachtet zu fühlen; Anpassungsdruck durch Vergleich, Bewertung und Normierung; Fremdbestimmung; Mangel an künstlerischer Freiheit; Mangel an Anerkennung der künstlerischen Leistung; Zwänge; Erwartungen; Sorgen; Monotonie; starre Routine; Misslingen der Arbeit; wenig Befriedigung durch die Arbeit; Stress sowie Überlastung.

5.8 Zusammenfassung der Aussagen zur Rolle der eigenen Befindlichkeit für den künstlerischen Schaffensprozess

Folgende wichtigste Aspekte künstlerischen Schaffens wurden in Zusammenhang mit dem eigenen Befinden beschrieben:

Das Vorhandensein einer Wechselwirkung zwischen den Ergebnissen der Arbeit und dem eigenen Befinden; das Bestreben nach stimmungsunabhängigem Arbeiten; die Unvermeidbarkeit des Einfließens des eigenen Wesens in die Arbeit; das Erlangen meditativer Bewusstseinszustände durch künstlerisches Arbeiten; die Unmöglichkeit bei negativen Gefühlen und schlechter Verfassung zu malen und damit einhergehend eine – zumindest subjektiv empfundene – Verminderung der Arbeitsqualität; innere Auseinandersetzung als Bestandteil der Arbeit; die Entstehung positiver Gefühle durch die Malerei; innere Spannungen durch längere Malpausen; sowie die Abhängigkeit des Ausdrucks eigenen Befindens vom sozialen Kontext.

5.9 Zusammenfassung der Aussagen zum Ausdrucksgehalt künstlerischer Mittel

Folgende Aussagen wurden im Zusammenhang mit dem Ausdruckgehalt künstlerischer Mittel gemacht:

Die Farbwahl geschieht intuitiv und bestimmt gleichzeitig den Ausdruck. Es wurde von einer Wechselbeziehung zwischen der getroffenen Farbwahl und der Stimmung berichtet. Weiterhin wird die Farbwahl durch Außeneinflüsse mitbestimmt. Das Farbempfinden ist an das subjektive Erleben gekoppelt. Trotzdem hat jede Farbe einen eigenen Charakter. Die Anlehnung eines Künstlers an eine bestimmten Farblehre kann die Farbwahl bestimmen. Andererseits kann die Bevorzugung bestimmter Farben kulturell begründet sein.

Die Linie spiegelt Klarheit und Entscheidungskraft wieder. Sie ist das abstrakteste Element überhaupt, Bestandteil eines jeden Bildes und steht für das "Ich" des Malers. Ihre Aussagekraft hängt davon ab, wie sie gesetzt wird. In manchen Fällen kann sie für Malerei unwesentlich sein.

Der Ausdruck ist unwillkürlich stets vorhanden. Die Art des Ausdrucks kann individuell und kollektiv begründet sein.

Die Fläche ist Bestandteil eines jeden Bildes. Ihre Bedeutung ist von der Art ihrer Oberfläche abhängig.

Das Format hat Bezug zur intendierten oder tatsächlich vorhandenen Autorität des Schaffenden.

5.10 Zusammenfassung der Aussagen zu den persönlichen Zielen künstlerischen Schaffens

Folgende Ziele wurden im Zusammenhang mit der künstlerischen Arbeit beschrieben: die Klärung einer bestimmten Fragestellung; das Erreichen einer bestimmten künstlerischen Qualität; die Kommunikation auf interpersoneller und kultureller Ebene; das Erreichen von Bewusstsein; die Herstellung bzw. Verstärkung der Verbindung zu sich selbst; etwas Positives in die Welt zu geben; das Erreichen einer bestimmten Form der künstlerischen Darstellung; Ästhetik sowie aus Altem etwas Neues entstehen lassen.

6. Schlussbetrachtung

Ziel der vorliegenden Arbeit war es, künstlerische Schaffensprozesse am Beispiel zeitgenössisch aktiver Maler zu erforschen. Dabei lag der Schwerpunkt dieser Studie darin, das kreative Schaffen in seinem prozesshaften Charakter und aus der persönlichen Sicht der schaffenden Künstler zu begreifen. Darüber hinaus wurden die folgenden Aspekte künstlerischen Schaffens untersucht: fördernde und hemmende Einflussfaktoren des künstlerischen Arbeitens, die Rolle des sozialen Austauschs für den Schaffensprozess, die Rolle des eigenen Befindens für die kreative Arbeit, die Ansichten der Befragten zum Ausdrucksgehalt künstlerischer Mittel und letztlich die persönlichen Ziele, die mit der künstlerischen Arbeit verfolgt werden. Als Untersuchungsinstrument wurde dafür das Problemzentrierte Interview (PZI) angewandt. Mit den Techniken des PZI's ist es gelungen, von den befragten Künstlern aufschlussreiche Informationen über ihre kreative Arbeit zu bekommen. Es folgen Diskussion der Untersuchungsergebnisse, Ausblick und Fazit.

6.1 Diskussion der Ergebnisse

6.1.1 Die Schaffensphasen im kreativen Prozess

Die Ergebnisse dieser Untersuchung betreffend Verlauf und Dynamik des künstlerischen Schaffensprozesses in der Malerei stimmen mit dem dargestellten „Vier-Phasen-Modell" von Wallas (s. Kap. 1, Punkt 1.3) darin überein, dass sich der Schaffensprozess durch Phasen oder Stadien beschreiben lässt. Es scheint dennoch unwahrscheinlich, dass für alle künstlerischen Prozesse immer diese vier Phasen gelten. Die Aussagen der Künstler über ihren Schaffensprozess, ließen sich nicht immer durch die vier Phasen beschreiben. Es stellt sich hier die Frage, ob künstlerische Prozesse durch ein anderes Modell zutreffender beschrieben werden könnten. Es stellt sich hier zudem die Frage, ob diese „Lücken" durch die Erhebungsmethode entstanden sein könnten. Beides könnte anhand einer weiterführenden Studie untersucht werden.

Weiterhin zeigt das Ergebnis dieser Untersuchung, dass die Dynamik des künstlerischen Schaffensprozesses vom Künstler intensiv erlebt wird. Davon zeugen die ausführlichen Berichte der interviewten Künstler, in denen über Gefühlszustände berichtet wird, die mit den einzelnen Phasen kreativen Schaffens einhergehen. Der Künstler ist sich der Dynamik und Struktur des Schaffensprozesses generell nicht bewusst. Die Arbeit wird als abwechselnde Folge von Phasen der Produktivität, des Zerstörens und des Stillstandes erlebt, ohne dass darüber bewusste Gedanken bestehen. Der Maler denkt, sobald er bei seiner künstlerischen Arbeit keine Fortschritte erzielt, nicht etwa: „Jetzt komme ich gerade in eine Inkubationsphase", sondern er erfährt die Dynamik seines Schaffensprozesses auf sinnliche bzw. emotionale Art und Weise. Das Erfahren bzw. Durchleben des Schaffensprozesses beinhaltet also eine emotionale Komponente, die in den Gefühlen, die während der unterschiedlichen Phasen auftauchen, zum Ausdruck kommt.

6.1.2. Die Einflussfaktoren des kreativen Prozesses

Aus den Ergebnissen dieser Studie geht hervor, dass eine angemessene Förderung, die Entwicklung von Kreativität begünstigt. Hervorgehoben wurde etwa die Rolle künstlerischer Erziehung. Die interviewten Künstler waren der Ansicht, nicht nur über künstlerische Begabung zu verfügen, sondern berichteten häufig von der entscheidenden Rolle, die das Erwerben der entsprechenden Kenntnisse auf ihr künstlerisches Tätigsein ausübte. Der Einfluss von Lehrern und Professoren wurde ebenfalls betont. In der Literatur bestätigen dies die Ergebnisse von Amabile und Hennessey (1988) und Csikszentmihalyi (2001), die der Umwelt eine determinierende Rolle für die kreative Entwicklung des Individuums zusprechen. Weiterhin wurde vom fördernden Charakter früher, positiver Erfahrungen im künstlerischen Bereich für die spätere kreative Arbeit berichtet. Dies geht mit den Ergebnissen von Walberg (1988) konform, der die wichtige Rolle eines "guten Starts" für die Entwicklung von kreativen Leistungen betont.

6.1.3 Eine kreativitätsfördernde Umwelt

Weiterhin zeigt das Ergebnis dieser Untersuchung, dass das Wahrnehmen einer bewertungsfreien Umwelt eine günstige Auswirkung auf das künstlerische Schaffen hat. Durchgängig betonten die interviewten Künstler, wie wichtig das Erleben von Freiheit und Autonomie für die kreative Arbeit ist. Andererseits wurden Bewertung, Verurteilung, Mangel an Anerkennung der erbrachten künstlerischen Leistungen, Mangel an künstlerischer Freiheit u. ä. durchgehend als hemmend, lähmend, negativ, demotivierend, blockierend, beschrieben. Ferner wurden entsprechende Situationen als Quelle zahlreicher Ängste und kreativer Blockaden bezeichnet. In dieser Hinsicht haben die Ergebnisse dieser Arbeit gewisse Parallelen zu den von Rogers (1998) formulierten "Bedingungen, die Kreativität fördern". Darin werden psychische Sicherheit, Freiheit und Empathie als günstige Bedingungen für das Hervortreten von Kreativität beschrieben. Weiterhin kann der von den Künstlern vielfach geäußerte Wunsch nach innerer Unabhängigkeit und großzügigen Freiräumen, in denen ein "spielerisches" Schaffen möglich ist, unter dem Aspekt des Erhalts von intrinsischer Motivation betrachtet werden, so wie dieser von Amabile (1983, 1988) aufgefasst wird. Nicht äußere Belohnungen, wie etwa Lob oder Annerkennung, sollen zur Arbeit anspornen, sondern die „Liebe" zu dieser (vgl. Amabile & Hennessey, 1988, S. 11 ff.).

6.1.4 Befindlichkeit, Gefühle und die kreative Arbeit

Das Ergebnis dieser Arbeit deutet auf das Vorhandensein einer Wechselbeziehung zwischen emotionalem Befinden und künstlerischer Arbeit hin. Es wurde insbesondere von einem Zusammenhang zwischen dem Gelingen der künstlerischen Arbeit und positiven Gefühlen, wie etwa dem Gefühl der eigenen Produktivität, berichtet. Ein negatives Arbeitsergebnis hingegen, geht meist mit einer niedergedrückten Stimmung einher und ruft Gefühle der Frustration und der eigenen Unzulänglichkeit hervor. Darüber hinaus wurde von sowohl positiven als auch negativen Gefühlen berichtet, welche z. B. in der Inkubationsphase und in der Illuminationsphase bei den Künstlern auftauchen. Eine mögliche Erklärung für diese Zusammenhänge liefert die "self-discrepancy-theory" von Higgins (1987), nach der die Wahrnehmung von Diskrepanzen zwischen Realselbst, Idealselbst und Sollselbst zu unterschiedlichen Gefühlen führen soll. Während Diskrepanzen zwischen Real- und Idealselbst zu Gefühlen von Traurigkeit und Enttäuschung führen, sollen Diskrepanzen zwischen Real- und Sollselbst Furcht, Unruhe und Spannung hervorrufen. Übertragen auf den Künstler und seinen Schaffensprozess hieße dies, dass etwa das Wahrnehmen von Diskrepanzen zwischen den eigenen Vorstellungen hinsichtlich des kreativen Produkts und den tatsächlichen Ergebnissen eine mögliche Ursache dieser Gefühle sein könnte. Dabei würde eine hohe Diskrepanz zwischen intendiertem Ergebnis und tatsächlichen Ergebnissen mit starken Gefühlen der Frustration, der Unzulänglichkeit, des Unmuts u. ä. einhergehen, während das Wahrnehmen einer geringen Diskrepanz zu Gefühlen der Freude, des Stolzes und der Produktivität führen würde. In diesem Zusammenhang wurde berichtet, dass eine gewisse Erfahrenheit im Umgang mit diesen Gefühlszuständen von Vorteil ist, um diese relativieren zu können. Schlussfolgernd kann behauptet werden, dass der Künstler durch sein Schaffen eine Erweiterung seines

"Selbst" erlebt. Dabei werden der Schaffensprozess sowie das künstlerische Produkt zu Anteilen des Real-, Ideal- und Sollselbst. Nicht hinreichend erklärt durch diese Theorie wird hingegen, wieso es beim Künstler zu großer Zufriedenheit hinsichtlich seines Schaffens und des kreativen Produkts kommen kann, obwohl diese stark von der ursprünglichen Vorstellung abweicht. Es scheint also, dass die ursprüngliche Idee, im Laufe des Schaffensprozesses eine Aktualisierung hinsichtlich ihrer tatsächlichen vorhandenen Realisierbarkeit erfährt. Darüber hinaus scheint eine Einstellung, die von Offenheit geprägt ist, den kreativen Schaffensprozess sehr zu fördern. Letzteres zielt in die gleiche Richtung wie die von Rogers formulierte „Offenheit der Erfahrung" (vgl. Rogers, 1998, S. 342 ff.).

6.1.5 Das Mitteilen von als negativ empfundenen Gefühlen

Als generell hemmender Faktor kreativen Schaffens wurden soziale Situationen bezeichnet. Es wurde von der Schwierigkeit berichtet, in Anwesenheit Dritter oder unter Beobachtung zu malen. Weiterhin wurde von der Schwierigkeit berichtet, in Anwesenheit anderer Zugang zu „negativen" Gefühlen" zu haben. Dies galt insbesondere für das Gefühl der Wut. Hierin können Parallelen zu unterschiedlichen Befragungsergebnissen gesehen werden (vgl. Schmidt-Atzert et al., 1993). Diesen Ergebnissen zufolge werden insbesondere negative Gefühle häufig nicht offen mitgeteilt. Hingegen kann mit dieser Untersuchung die Beobachtung Schmidt-Atzert, dass sowohl der verbale als auch der non-verbale Gefühlsausdruck im Alltag stark kontrolliert wird, nicht bestätigt werden. Es stellt sich die Frage, ob die befragte Population möglicherweise ausdrucksstärker bzw. kommunikativer ist als andere Bevölkerungsgruppen. Eine Untersuchung an einer größeren Stichprobe könnte Aufschluss zu dieser Fragestellung geben.

6.2. Ausblick

Die Ergebnisse dieser Studie sind nicht repräsentativ für die Population der Hamburger Kunstmaler, dennoch bilden sie eine Grundlage, an die sich weitere Studien zu dieser Thematik anschließen könnten. Vor dem Hintergrund der aufgezeigten Ergebnisse dieser Studie stellen sich darüber hinaus weitere Fragen, die im Rahmen dieser Diplomarbeit nicht behandelt werden konnten.

Interessant wäre es, der Frage nach der Rolle der Gesellschaft für das Hervortreten von künstlerischer Kreativität gezielter nachzugehen. Darüber hinaus könnte sich eine Vergleichsstudie zwischen Künstlern aus unterschiedlichen Kulturkreisen als fruchtbar für diese Thematik erweisen. Eine solche Studie würde der Beleuchtung der Frage, welche relevanten Aspekte künstlerischen Schaffens der Person und welche der sozialen und kulturellen Umwelt zuzuschreiben sind, sicher sehr dienlich sein.

6.3 Fazit

Kreativität und kreative Leistungen genießen in unserer Gesellschaft einen hohen Stellenwert und werden etwa als wichtige Indikatoren der individuellen und sozialen Entwicklung angesehen. Ferner umgibt kreative Individuen ein „Hall" des Außergewöhnlichen und Genialen. Kreative Individuen gelten auf Grund neuer Ideen und ihrer hoher Produktivität als großer Gewinn für die Gesellschaft, und es steht im Interesse der Gesellschaft, das Hervortreten solcher Individuen zu fördern. Es stellt sich die Frage, inwieweit unsere Gesellschaft die Entwicklung von künstlerischer Kreativität fördert. Vor diesem Hintergrund wäre eine Studie zu erwägen, die sich mit den Möglichkeiten der gezielten Förderung von Kreativität befasst. Weiterhin stellt sich die Frage, inwieweit kreative Entwicklung auf persönlicher und gesellschaftspsychologischer Ebene durch vorhandene Strukturen gehemmt wird. Nach Ansicht der Autorin besteht innerhalb unserer Gesellschaft in den verschiedenen Bereichen eine starke Orientierung am kreativen Produkt. Im Gegensatz hierzu wird Prozessen im Allgemeinen eine untergeordnete Rolle zugeschrieben, kurz es sind die Ergebnisse, auf die es in der Regel ankommt. Weiterhin besteht die starke Forderung nach schnellen Ergebnissen als Synonym für Effizienz. Eine rasche Entwicklung wird meistens einer positiven Entwicklung gleichgesetzt. Diese undifferenzierte Forderung nach schnellen Ergebnissen steht in einem gewissen Widerspruch zur Forderung nach kreativeren Individuen und einer kreativeren Gesellschaft. Kreative Prozesse sind lebendige Prozesse, deren Verlauf sich nicht auf pauschale Formeln reduzieren lässt; Fehler und Missgeschicke sind innerhalb des kreativen Prozesses unkalkulierbar. Die Tatsache, dass aus Missgeschicken sehr kreative Lösungen entstehen können, spricht dafür, dass in vielen gesellschaftlichen Bereichen ein Zuwachs an echten freien Schaffensräumen notwendig wäre, denn nur aus solchen können sich wirklich neue Ideen formen. Insofern wäre auch eine Erweiterung der vorliegenden Studie denkbar, die sich mit dieser Fragestellung befasst. Wenn in unserer Gesellschaft Fehler automatisch mit Versagen, Unzulänglichkeit, Schuld, Strafe u. ä. in Verbindung gebracht werden, wenn das Individuum unter der stets immanenten Bedrohung einer negativen, gar vernichtenden Bewertung lebt, dann stellt sich die Frage, wie aus solchen Strukturen kreative Individuen hervorgehen sollen. Das Ergebnis dieser Arbeit zeigt, dass Spaß, Leichtigkeit, Anerkennung sowie das Spielerische als tendenziell fördernde Faktoren des kreativen Schaffens wirken. In unserer Gesellschaft besteht das Bestreben nach einer klaren Trennung zwischen den "ernsten" Dingen des Lebens und dem Spielerischen, zwischen Berufsleben und Freizeit. Wir neigen dazu zu glauben, dass Spaß und Arbeit nicht zusammengehören. Dies ist aber gerade das, was kreative Individuen auszeichnet: eine starke Integration zwischen Berufsleben und sonstigem Leben. Dies ist gleichermaßen bei Künstlern, Wissenschaftlern und Schriftstellern der Fall (vgl. Amabile & Hennessey, 1988; Csikszentmihalyi, 2001). Weiter ist eine große Liebe zur Arbeit vorhanden, die u. a. darin begründet ist, dass die Arbeit Spaß macht sowie von der Person selbst als sinnvoll angesehen wird. Darüber hinaus wirkt sich auch eine starke Neugier günstig auf die kreative Arbeit aus. Es ist zu unterstreichen, dass ein Individuum, welches diese Fähigkeiten mit sich bringt, zudem noch auf den richtigen gesellschaftlichen Kontext treffen muss, um seine Kreativität zur vollen Entfaltung zu bringen. Es ist also ein gewisses Wechselspiel zwischen individuellen Anlagen und gesellschaftlichen Gegebenheiten, welches das Hervortreten von produktivem, kreativem Handeln begünstigt.

Abschließend lässt sich noch einmal betonen, dass die Bedeutung von Kreativität als erfrischende, erneuernde Kraft für Individuum und Gesellschaft eine sehr ernst zu nehmende Rolle spielt, weil nur durch sie neue Entwicklungsprozesse möglich sind.

7. Literatur

Amabile, T.M. & Hennessey, B.A. (1988). The conditions of creativity. In R.J. Sternberg (Ed.), *The nature of creativity*. Teil I, The role of the environment in creativity. New York: Cambridge University Press.

Amabile, T.M. (1983). *The social psychology of creativity*. New York: Springer.

Anderson, H.H. (1959). *Creativity and its cultivation*. New York: Harper & Row.

Arnold, J.E. (1959). Creativity in engineering. In P. Smith (Ed.), *Creativity: An examination of the creative process*. New York: Hastings House.

Arnold, J.E. (1962). Education for innovation. In Parnes & Harding (Ed.), *Source book of creative thinking*. New York: Scribner.

Barron, F. (1963). *Creativity and psychological health*. New York: Van Nostrand

Barron, F. (1964). The relationship of ego diffusion to creative perception. In. C. Taylor (Ed.), *Widening horizons in creativity*. New York: John Wiley.

Barron, F. (1965). The psychology of creativity. In T.M. Newcomb (Ed.), *New directions in psychology II*. New York: Rinehart.

Becker, H.S. & Geer, B. (1979). Teilnehmende Beobachtung: Die Analyse qualitativer Forschungsergebnisse. In Ch. Hopf & E. Weinharten (Hrsg.), *Qualitative Sozialforschung*. München: Psychologie Verlags Union.

Bühler, K. (1907). Tatsachen und Probleme zu einer Psychologie der Denkvorgänge: 1. Über Gedanken. *Archiv für die gesamte Psychologie*, 12, S. 1-23.

Cameron, J. (2000). *Der Weg des Künstlers – Ein spiritueller Pfad zur Aktivierung unserer Kreativität*. München: Droemersche Verlagsanstalt Th. Knaur.

Cropley, A. (1995). Kreativität. In M. Amelang (Hrsg.), *Enzyklopädie der Psychologie, Verhaltens- und Leistungsunterschiede, Differentielle Psychologie und Persönlichkeitsforschung*, Teil 2 (329-373). Göttingen: Hogrefe.

Csikszentmihalyi, M. (1985). *Das Flow Erlebnis*. Stuttgart: Klett Cotta.

Csikszentmihalyi, M. (1988). Society, culture and person: a system view of creativity. In R.J. Sternberg (Ed.). *The nature of creativity – Contemporary psychological perspectives*, Teil III, The role of the individual-environment interaction in creativity: The study of creative sytems, S. 325-340. New York: Cambridge University Press

Csikszentmihalyi, M. (2001). *Kreativität – Wie Sie das Unmögliche Schaffen und Ihre Grenzen überwinden.* Stuttgart: J.G. Cott'asche Buchhandlung Nachfolger GmbH.

De Bono, E. (1967). *New think.: The use of lateral thinking in the generation of new ideas.* New York: Basic Books.

Denzin, N.K. (1978). *The research act.* New York: MacGraw Hill

Dewey, J. (1910). *How we think.* Boston: D.C. Health & Co.

Durkin, H.E. (1937). *Trial and error, gradual analysis and sudden reorganisation. An experimental study of problem solving.* Arch. Psych., S. 210.

Eindhoven, J.E., & Vinacke, W.E. (1952). *Creative process in painting.* J. gen. psych., 47, S. 139-164.

Fielding, N.C. & Fielding, J.L. (1986). Linking data. *Sage University Paper series on qualitative research methods*, Vol. 4r. Beverly Hills, CA: Sage.

Flick, U. (1987). Methodenangemessene Gütekriterien in der qualitativ-interpretativen Forschung. In Bergold & Flick (Hrsg.), *Ein-Sichten.* Tübingen: DGVT.

Freud, S. (1966). *Gesammelte Werke.* Frankfurt am Main: Fischer.

Freud, S. (1987). *Schriften zur Kunst und Literatur.* Ungekürzte Ausgabe Fischer.

Getzels, J.W., & Csikszentmihalyi, M. (1976). *The creative vision: A longitudinal study of problem finding in art.* New York: Wiley-Intersciencie.

Glaser, B.G. & Strauss, A.G. (1998). *Grounded Theory. Strategien qualitativer Forschung.* Bern: Huber.

Goethe, J.W. von (1998). *Goethes Farbenlehre.* Ausgew. und. erl. von Rupprecht Matthaei. Ravensburg: Maier.

Graham, J.W., Gentry, K.W., & Green, J. (1981). The self-presentational nature of emotional expression: Some evidence. *Personality and Social Psychology Bulletin*, 7, 467-474.

Guilford, J.P. (1950). Creativity. *American Psychologist*, 5, S. 444-454.

Guilford, J.P. (1957). Creative abilities in the arts. *Psychological Review*, 64, S. 110-118.

Guilford, J.P. (1959). Traits of creativity. In H. Anderson (ed.), *Creativity and its cultivation.* New York: Harper, S. 142-161..

Guilford, J.P. (1967). Some new views of creativity. In H. Helson (Ed.), *Theories and data in psychology.* Princeton: Van Nostrand.

Guilford, J.P. (1973). Kreativität. In G. Ulmann (Hrsg.), *Kreativitätsforschung*. Köln: Kiepenheuer & Witsch.
Heinze, Th., & Thiemann, F. (1982). Kommunikative Validierung und das Problem der Geltungsbegründung. *Zeitschrift für Pädagogik*, 28, 635-642.
Higgins, E.T. (1987). Self-discrepancy: A theory relating self and affect. *Psychological Review*, 94, S. 319-340.
Hirsch, E.D. (1967). *Validity in interpretation.* New Haven, Conn.: University Press.
Hoffmann-Riem, Ch. (1980). Die Sozialforschung einer interpretativen Soziologie – Der Datengewinn. *Lölner Zeitschrift für Soziologie und Sozialpsychologie,* 32, 339-372.
Hunt, J. McV. (1965). Intrinsic Motivation and its role in psychological development. In D. Levine (Ed.), Nebraska Symp. on Motivation, Lincoln.
Jick, T. (1983). Mixing qualitative and quantitative methods: Triangulation in action. In Maanen, J.v. (Ed.), *Qualitative Methodology*. London: Sage.
Johnson, D.M. (1955). *The psychology of thought and judgment.* New York: Harper & Row.
Jones, M.R. (1957). *Current Theory and Research on Motivation.* Lincoln: Univ. of Nebraska Press.
Kirk, J. & Miller, M.L. (1986). Reliability and validity in quantitative research. *Sage university paper series on qualitative research methods*, Vol.1. Beverly Hills, Cal.: Sage.
Klüver, J. (1979). Kommunikative Validierung – eine vorbereitende Bemerkung zum Projekt „Lebenswelt Analyse von Fernstudenten". In Th. Heinze (Hrsg.), *Theoretische und methodologische Überlegungen zum Typus hermeneutisch-lebensgeschichtlicher Forschung*. Werkstattbericht Fern Universität Hagen.
Kris, E. (1977). *Die ästhetische Illusion*. Frankfurt am Main: Suhrkamp.
Kruskopf, E. (1976). *Shaping the invisible: A Study of the Genesis of Non-Representational Painting, 1908-1919.* Helsinki: Societas Scientiarum Fennica.
Kvale, S. (1988). Validity in the qualitative research interview. In A. De Koning (Hrsg.), *Research methodology in psychology: The qualitative perspective*. Pittsburg: Duquesne University Press.
Lamnek, S. (1989). *Qualitative Sozialforschung. Band II. Methoden und Techniken*. München: Psychologie Verlags Union.
Landau, E. (1969). *Psychologie der Kreativität*. München, Basel: Ernst Reinhardt.

Maslow, A.H. (1959). Creativity in self-actualizing people. In H. Anderson (Ed.), *Creativity and its cultivation*. New York: Harper & Row.
May, R. (1959). The nature of creativity. In H. Anderson (Ed.), *Creativity and its cultivation*. New York: Harper & Row.
Mayring, Ph. (1999). *Einführung in die qualitative Sozialforschung – Eine Einleitung zum qualitativen Denken*. Weinheim: Beltz Psychologie Verlags Union.
Merrifeld, P.R., Guilford, J.P., Christensen, P.R., & Frick, J.W. (1959). A factor- analytic investigation in problem solving. Rep. Psych. lab., no. 22. Los Angeles, University of California.
Metzger, W. (1962). *Schöpferische Freiheit*. Frankfurt am Main: Kramer.
Mey, G. (1999). *Adoleszenz, Identität, Erzählung. Theoretische, methodische und empirische Erkundungen*. Berlin: Köster.
Mey, G. (2000). Qualitative Forschung und Prozeßanalyse. Überlegungen zu einer „Qualitativen Entwicklungspsychologie". Forum Qualitative Sozialforschung / Forum: Qualitative Social Research [On-line Journal], 1 (1). Abrufbar über: http://qualitative-research.net/fqs
Müller-Freienfels, R. (1923). *Psychologie der Kunst*. Leipzig, Berlin: Teubner
Osborn, A.F. (1948). *Your creative power*. New York: Charles Scribner's Sons
Parnes, S.J. (1962). Can creativity be increased? In S.J. Parnes & H.F. Harding (Ed.), *A source book of creative thinking*. S. 185-191. New York: Charles Schribner's Sons.
Parnes, S.J. (1964). Research on developing creative behavior. In C. Taylor (Ed.), *Widening horizons in creativity*. New York: Wiley.
Parnes, S.J., Noller, R.B., & Biondi, A.M. (1977). *Guide to creative action*. New York: Charles Scribner's Sons.
Patrick, C. (1935). *Creative thought in poets*. Arch. Psych., 26, S. 1-74.
Patrick, C. (1955). *What is creative thinking?* New York: Philosophical Library.
Poincaré, H. (1973). *Wissenschaft und Methode*. Darmstadt: Wissenschaftliche Buchgesellschaft.
Regel, G. (1986). *Medium bildende Kunst. Bildnerischer Prozess und Sprache der Formen und Farben*. Berlin: Henschelverlag.
Rogers, C.R. (1959). Towards a theory of creativity. In H.H. Anderson (Hrsg.), *Creativity and its cultivation*. New York: Harper & Row.
Rogers, C.R. (1998). *Entwicklung der Persönlichkeit – Psychotherapie aus der Sicht eines Psychotherapeuten*. Stuttgart: Klett-Cotta.

Scheele, B,. & Groeben, N. (1988). *Dialog-Konsens-Methoden zur Rekonstruktion subjektiver Theorien.* Tübingen: Francke.

Schmidt-Atzert, L. (1993). *Die Entstehung von Gefühlen – Vom Auslöser zur Mitteilung.* D. Albert; K. Pawlik; K.H. Stapf; W. Stroebe. Berlin, Heidelberg: Springer-Verlag.

Smith, J.A. (1964). *Creativity its nature and nurture.* Siracuse, School of Education.

Stein, M.I. (1973). Kreativität und Kultur. In G. Ulmann (Hrsg.), *Kreativitätsforschung.* Köln: Kiepenhauer & Witsch.

Steiner, R. (1985). *Kunst und Kunsterkenntnis: Grundlagen einer neuen Ästhetik.* Dornach: Rudolf Steiner Verlag.

Terhardt, E. (1981). Intuition-Interpretation-Argumentation. *Zeitschrift für Pädagogik,* 27, 769-793.

Torrance, E.P. (1988). The nature of creativity as manifest in its testing. In R.J. Sternberg (Ed.), *The nature of creativity – Contemporary psychological perspectives,* Kap.2, The role of the individual in creativity – Psychometric approches. New York: Cambridge University Press.

Walberg, H.J. (1988). Creativity and talent as learning. In R.J. Sternberg (Hrsg.), *The nature of creativity – Contemporary psychological perspectives,* Kap. 3, The role of the individual-environment interaction in creativity – The study of creative systems. New York: Cambridge University Press.

Walberg, H.J., & Tsai, S.L. (1984). Matthew effects in education. *American Educational Research Journal,* 20, 359-374.

Wallas, G. (1926). *The art of thought.* New York: Harcourt Brace.

Witzel, A. (1982). *Verfahren der qualitativen Sozialforschung. Überblick und Alternativen.* Frankfurt, New York: Campus.

Witzel, A. (1989). Das problemzentrierte Interview. In G. Jüttemann (Hrsg.), *Qualitative Forschung. in der Psychologie. Grundverfahrensweisen, Anwendungsfelder.* Heidelberg: Asanger.

Witzel, A. (2000, Januar). Das problemzentrierte Interview. *Forum Qualitative Sozialforschung / Forum: Qualitative Social Research* [Online Journal], 1 (1). Abrufbar über: http://qualitative-research.net/fqs

Vertiefende Literatur:

Arnheim, R. (1965). *Kunst und sehen – Eine Psychologie des schöpferischen Auges.* Berlin: Walter de Gruyter & Co.
Arnold, J.E.. (1962). Useful creative techniques. In Parnes & Harding (Ed.), *Source book of creative thinking.* New York: Scribner.
Barron, F. (1972). *Artists in the making.* New York, London: Seminar Press.
Cameron, J. (2001). *Der Weg zum kreativen Selbst – Sieben Pfade zur Entdeckung des inneren Künstlers.* München: Droemersche Verlagsanstalt Th. Knaur.
Cropley, A., McLeod, J., & Dehn, D. (1988). *Begabung und Begabungsförderung.* Heidelberg: Asanger.
De Bono, E. (1975). *Think links.* Blandford, Dorset: Direct Education Services.
Flick, U., Kardoff, E. v., Keupp, H., Rosenstil, L.v. & Wolff, S. (Hrsg.), *Handbuch qualitativer Sozialforschung.* München: Psychologie Verlags Union.
Gombrich, E.H. (1989). *Wege zur Bildgestaltung: Vom Einfall zur Ausführung.* Opladen: Westdeutscher Verlag GmbH.
Heller, E. (2002). *Wie Farben wirken.* Hamburg: Rowohlt Verlag GmbH.
Hertlein, J. (1990). *Persönlichkeit, Motivation und der Schaffensprozess bildender Künstler.* Inaugural-Dissertation zur Erlangung eines Doktors der Philosophie an der Fakultät Pädagogik, Philosophie, Psychologie der Universität Bamberg.
Kleining, G. (1991). Methodologie und Geschichte qualitativer Sozialforschung. In U. Flick, E.v. Kardoff, H.Keupp, L.v. Rosenstiel & S. Wolff (Hrsg.), *Handbuch qualitative Sozialforschung.* München: PVU.
Kobbert, M. J. (1986). *Kunstpsychologie – Kunstwerk, Künstler und Betrachter.* Darmstadt: Wissenschaftliche Buchgesellschaft.
Köstler, A. (1964). *The act of creation.* London: Hutchinson.
Krauss, R. (1930). *Über graphischem Ausdruck – Eine experimentelle Untersuchung über das Erzeugen und Ausdeuten von gegenstandsfreien Linien.* Dissertation zur Erlangung der Doktorwürde der Philosophischen Fakultät der Hamburgischen Universität. Gleichzeitig erschienen als Beiheft 48 zur Zeitschrift für angewandte Psychologie. Herausgegeben von. William Stern und Otto Lipmann.
Matravers, D. (1998). *Art and emotion.* Oxford: Clarendon Press.
May, R. (1987). *Der Mut zur Kreativität.* Paderborn: Junfermann.

Smith, P. (1959). The definition of the conference. In P. Smith (Ed.), *Creativity: An examination of the creative process.* New York: Hastings House.

Sternberg, R.J. (1988). *The nature of creativity.* New York: Cambridge University Press.

Taylor, I. (1959). The nature of the creative process. In P. Smith (Ed.), *Creativity: An examination of the creative process.* New York: Hastings House.

Nachschlagewerke:

Die neue deutsche Rechtschreibung (1999). Gütersloh, München: Bertelsmann Lexikon Verlag GmbH

Duden Fremdwörterbuch. (1997). Wissenschaftlicher Rat der Dudenredaktion: Drosdowski, G. (Hrsg.), Mannheim; Leipzig; Wien; Zürich: Dudenverlag

8. Anhang

Anlage 1: Tabellarische Zusammenfassung der Ergebnisse

Teil I – Übersicht der Aussagen der einzelnen Künstler

Tab. 1:	Aussagen zu den Arbeitsphasen des Schaffensprozesses
Tab. 2:	Aussagen zu fördernden Faktoren des Schaffensprozesses
Tab. 3:	Aussagen zu hemmenden Faktoren des Schaffensprozesses
Tab. 4:	Aussagen zur Rolle des Austauschs für den Schaffensprozess
Tab. 5:	Aussagen zur Rolle der eigenen Befindlichkeit für den Schaffensprozess
Tab. 6:	Aussagen zum Ausdrucksgehalt künstlerischer Mittel
Tab. 7:	Aussagen zu persönlichen Zielen künstlerischen Arbeitens

Teil II – Gesamtübersicht der Aussagen

Tab. 8:	Übersicht der Aussagen zu den Arbeitsphasen des Schaffensprozesses
Tab. 9:	Übersicht der Aussagen zu den fördernden Faktoren des Schaffensprozesses
Tab. 10:	Übersicht der Aussagen zu den hemmenden Faktoren des Schaffensprozesses
Tab. 11:	Übersicht der Aussagen zur Rolle der eigenen Befindlichkeit für den Schaffensprozess
Tab. 12:	Übersicht der Aussagen zu den persönlichen Zielen künstlerischen Schaffens

TEIL I / Tabelle 1 – Aussagen zu den Arbeitsphasen des Schaffensprozesses

	Vorbereitungsphase	*Inkubationsphase*	*Illuminationsphase*	*Verifikationsphase*
Anja	- Ausbildung, Prägung durch das Kunststudium - konkreter Anlass - visuelle Anregung	- Schaffenskrise - Ausprobieren von Lösungen, die sich im nachhinein als "schlecht" erweisen - Entstehen vieler Schichten	- Ungeahntes entsteht	- Abstand gewinnen
Annelen	- langfristige Prägung durch Ausbildung und frühere Arbeiten - konkrete Vorstellung - gleichzeitige Offenheit	- Versuchsstadium: intensiver Zeitraum des Ausprobierens - Diskrepanz zwischen der eigentlichen Arbeit und der Vorstellung	- im Prozess des Machens etwas Neues entdecken - Zufall, Versehen, Lösung	- Prüfung und Bewertung der eigenen Arbeit - eigene frühere Arbeiten dienen als Maßstab - bei negativer Bewertung der eigenen Arbeit folgen Veränderung oder Verwerfung
Anton	Entscheidung für eine Richtung: Vorstellung	- unbewusste Prozesse: Schlaf, Vision, Träume	- keine Angaben	- keine Angaben
Florian	- Entscheidung für eine Richtung; Materialauswahl - Themenfindung - Zeit für Überlegungen und Skizzen	- Ausprobieren, Suche nach einer befriedigenden Lösung	- keine Angaben	- Hinterfragen der eigenen Handlung

	Vorbereitungsphase	Inkubationsphase	Illuminationsphase	Verifikationsphase
Kristin	- alles im Laufe des Lebens Wahrgenommene - gedankliche Vorbereitung durch innere Auseinandersetzung	- keine Angaben	- keine Angaben	- keine Angaben
Markus	- fundierte Kunstausbildung - Offenheit der Wahrnehmung - visuelle Anregung	- Schaffenskrise - viele Versuche und keine befriedigende Lösung - unbewusste Prozesse	- Zufall, Versehen, Lösung durch den Arbeitsprozess etwas Neues entdecken - Weg aus der Sackgasse	- Prüfung und Bewertung der eigenen Arbeit, bei negativer Bewertung Veränderung
Uwe	- Kunstausbildung: Prägung durch Studium und Lehrer - visuelle Anregung	- Suche nach einer befriedigenden Lösung - Reihe von Zerstörungen - Entstehung vieler Schichten - unbewusste Prozesse - eine besondere Art der Wahrnehmung herbeiführen durch Selbstprovokation	- Unerwarteter Ausgang - Bilder entwickeln starke Eigendynamik	- eigene Bewertungskriterien - Reflexion der eigenen Arbeit - Stimmigkeit des Ganzen oder Mut zur Zerstörung

TEIL I / Tabelle 2 - Aussagen zu fördernden Faktoren des Schaffensprozesses

Interviewpartner	Fördernde Faktoren
Anja	- frühe positive Erfahrungen in der Domäne - Förderung von außen: Stipendium - Bereitschaft und Lust - Unabhängigkeit von Außenbewertung, Bewertungsfreiheit - Selbstbestimmung und Leichtigkeit - Gelingen der Arbeit und damit verbundene Erfüllung - Disziplin und Fleiß - Herstellen und Wahren eines äußeren Rahmens - Zerstörung und Scheitern wagen: Begrenzung eigener Ansprüche und Selbstkritik - für Abwechslung sorgen, die Spannung erhalten - Suche als treibende Kraft
Annelen	- das Spielerische, Leichtigkeit - Interesse und Spaß
Anton	- Annerkennung von außen - positive Gefühle, besonders Spaß - Herstellen und Wahren eines günstigen Rahmens - intensives Zusammensein mit anderen Menschen
Florian	- genügend Zeit, sich auf ein Thema einzustellen, für Skizzen - Abwechslung
Kristin	- Ruhe, Gelassenheit, Stille - Reduktion und Vereinfachung durch Wiederholung und Kontinuität - Integration von Kunst und Alltagsnotwendigkeiten - Bewusstheit und Geistesgegenwart - Offenheit und das Berücksichtigen eigener Bedürfnisse - Sensibilität für sich selbst und das eigene Empfinden
Markus	- Gelingen der Arbeit und Erfüllung - das Gefühl der eigenen Produktivität - Flexibilität und Offenheit bezüglich des Ergebnisses - "das Richtige" für einen selbst tun - Konzentration - Erfahrung - manuelle Unruhe
Uwe	- Gelassenheit - körperliche Bewegung, besonders das Laufen - Wut

TEIL I / Tabelle 3 - Aussagen zu hemmenden Faktoren des Schaffensprozesses

Interviewpartner	Hemmende Faktoren

Anja	- absorbierende, kraftraubende parallele Tätigkeiten:
	  - familiäre Verpflichtungen
	  - nebenberufliche Verpflichtungen
	
	- sozialer Druck und Bewertung von Außen:
	  - Anpassungsdruck durch Vergleich und Normen innerhalb der Domäne
	  - Druck durch die soziale Situation des Portraitmalens
	  - Fremdbestimmung und Mangel an künstlerischer Freiheit und Wertschätzung bei Auftragsarbeiten
	
	- Monotonie: Wiederholung, wenig Abwechslung
	- negative Selbstbewertung der eigenen Arbeit

Annelen	- Misslingen der Arbeit - Überlastung durch zu viel Arbeit und die daraus resultierende Lustlosigkeit
Anton	- negative Bewertung von Außen
Florian	- keine konkreten Angaben
Kristin	- Überforderung, Vergleich und Bewertung - Stress - Zwänge, Erwartungen, Sorgen

Markus	- absorbierende, kraft- und zeitraubende Tätigkeiten:
	  - familiäre und soziale Verpflichtungen
	  - Ablenkung, Unterbrechung und Überlastung durch nebenberufliche Tätigkeiten, Alltag, u. ä.
	
	- wenig Befriedigung: eine Arbeit, die einen "nicht wirklich beschäftigt"

Uwe	- das Gefühl beobachtet zu werden

TEIL I / Tabelle 4 - Aussagen zur Rolle des Austauschs den Schaffensprozesses

Interviewpartner	Aussagen über Austausch und Kommunikation
Anja	- mit Berufskollegen inspirierend und anregend - mit Kunden schwierig
Annelen	- regelmäßiger Austausch mit Freunden ist sehr wichtig
Anton	- keine Angaben
Florian	- keine Angaben
Kristin	- keine Angaben
Markus	- durch Austausch die eigene künstlerische Position bestimmen
Uwe	- Qualität des Austauschs ist abhängig von der Person, mit der es statt findet

TEIL I / Tabelle 5 - Aussagen zur Rolle der eigenen Befindlichkeit für den Schaffensprozess

Interviewpartner	Aussagen über die Rolle der eigenen Befindlichkeit
Anja	- Wechselwirkung zwischen Ergebnis der Arbeit und Stimmung - veränderter Bewusstseinszustand durch die Arbeit: meditativer Zustand - bei starken negativen Gefühlen Bewegungsdrang und Bedürfnis, aufzuräumen - bei schlechter Verfassung wird die Arbeit nicht gut - emotionale Auseinandersetzung mit der Arbeit in einem eingegrenzten Rahmen - das eigene Wesen fließt unvermeidbar in die Arbeit hinein
Annelen	- stimmungsunabhängiges Arbeiten - Malerei als Quelle positiver Gefühle - Wechselwirkung zwischen Ergebnis der Arbeit und Stimmung

Anton	- Wechselwirkung zwischen Ergebnis der Arbeit und Stimmung:
	  - Malen ruft positive Gefühle hervor, längere Malpausen führen zu Spannung
	  - Malerei ist an positive Gefühlen gekoppelt
	- soziokulturelle Aspekte des Gefühlsausdrucks
	  - abhängig davon, ob man allein ist oder in Gesellschaft
	  - abhängig davon in welcher Kultur man ist

Florian	- Bestreben nach Unterdrückung oder Verwandlung innerer Empfindlichkeiten
Kristin	- Stimmung ist steter Einflussfaktor des Handelns - bei negativen Gefühlen keine Malerei, sondern in die Natur gehen
Markus	- Wechselwirkung zwischen Ergebnis der Arbeit und Stimmung
Uwe	- bei längeren Arbeitspausen entstehen negative Gefühle - Bestreben nach Trennung von Befindlichkeit und künstlerischer Arbeit - Malerei ruft positive Gefühle hervor: Spaß

TEIL I / Tabelle 6 - Aussagen zum Ausdrucksgehalt künstlerischer Mittel

Interviewpartner	Aussagen über den Ausdrucksgehalt künstlerischer Mittel
Anja	- Farbe: 　- Farbwahl geschieht intuitiv: *"Eine Stimme, die sagt: Violett jetzt"* 　- die *Farbwelt* macht den Ausdruck aus 　- Bevorzugung einer bestimmten Farbpalette 　- Wechselwirkung zwischen Farbwahl und Stimmung - Ausdruck: unwillkürlich, stets vorhanden
Annelen	- Farbe: 　- Bevorzugung einer bestimmten Farbpalette (unbunt) 　- Außeneinflüsse können bei der Farbwahl eine Rolle spielen - Linie: spielt kaum eine Rolle
Anton	- Farbe: 　- subjektives Erleben: Sympathie vs. Antipathie 　- Farben haben einen eigenen Charakter 　- Farbwahl hängt vom momentanen Wohlbefinden mit dieser Farbe ab - Linie: klare Vorstellungen, klare Entscheidungen finden in klaren Linien einen Ausdruck
Florian	- Farbe: starke Orientierung an Goethes Farblehre - Form: Arbeit mit Polaritäten: Konkaven und Konvexen - Linie ist Ausdruck von Rhythmus und Raumgestalt
Kristin	- Farbe: 　- jede Farbe hat eine Wirkung auf den Menschen 　- beim "Verständnis" von Farbe sind kulturelle Unterschiede vorhanden 　- es gibt persönlich bevorzugte Farbbereiche: "Grundfarbwelt" 　- Reduktion: Bevorzugung reduzierter Farbbereiche - Form: jeder Mensch verfügt über eigenes visuelles Repertoire, kollektives Gut, individueller Ausdruck - Linie, Fläche, Spannung: jedes Bild setzt sich aus Linie und Fläche zusammen

Interviewpartner	Aussagen über den Ausdrucksgehalt künstlerischer Mittel
Markus	- Farbe, Linie und die Art wie sie gesetzt werden, haben einen wesentlichen und starken Ausdrucksgehalt

Uwe	- Farbe:
	  - Ablehnung von Farbsymbolik, aber es gibt Ausnahmen
	
	- Fläche:
	  - die stumpfe Fläche: Erholung
	  - die lackartige Fläche: Kühlheit
	  - die Graphitfläche: die tote Fläche
	
	- Linie:
	  - ist das abstrakteste Element überhaupt und repräsentiert das "Ich"
	  - Konfrontation
	- Format: Autorität

TEIL I / Tabelle 7 - Aussagen zu persönlichen Zielen künstlerischen Arbeitens

Interviewpartner	Aussagen zu den persönlichen Zielen künstlerisches Arbeiten
Anja	- keine Angaben
Annelen	- Klärung einer bestimmten Fragestellung - künstlerische Qualität erreichen

Anton	- Malerei als Kommunikationsmedium:
	   - auf zwischenmenschlicher Ebene
	   - auf kultureller Ebene

Florian	- keine Angaben
Kristin	- Bewusstheit erlangen durch die Arbeit mit inneren Bildern - Verbindung zu Menschen herstellen, Malerei als Möglichkeit der Annäherung - etwas Positives in die Welt geben - flüssiger Ausdruck als Sinnbild für Zusammenhang und Ganzheit

Markus	- Auseinandersetzung mit bestimmten Fragestellungen:
	   - Einheit und Trennung als menschliches Thema
	   - Einheit und Trennung von Malerei und Photographie
	   - Einheit und Trennung von Altem und Neuem
	   - Einheit und Trennung von Klassik und Moderne
	   - Einheit und Trennung von Realität und Phantasie
	
	- Ästhetik

Uwe	- neuer Umgang mit alten Informationen

TEIL II / Tabelle 8 - Übersicht der Aussagen zu den Arbeitsphasen des Schaffensprozesses

Vorbereitungsphase	*Inkubationsphase*	*Illuminationsphase*	*Verifikationsphase*
– fundierte Kunstausbildung	– Schaffenskrisen	– Ende der Schaffenskrise	– Abstand gewinnen
– alles im Laufe des Lebens Wahrgenommene	– unbewusste Prozesse	– Ungeahntes entsteht	– Prüfung und Bewertung der eigenen Arbeit
– visuelle Anregung – äußere Bilder	– intensives dennoch "fruchtloses" Ausprobieren	– durch den Arbeitsprozess etwas Neues entdecken	– eigene Bewertungskriterien sind ausschlaggebend
– konkrete Vorstellung – innere Bilder	– großer Versuchsstadium	– Zufall, Versehen und Lösung	– bei negativer Bewertung Veränderung oder Verwerfung
– Entscheidung für eine Richtung: Klärung betr. äußerer Aspekte der Arbeit	– Entstehen vieler Schichten	– unerwarteter Ausgang	
	– Diskrepanz zwischen der eigentlichen Arbeit und der Vorstellung davon	– Gefühl der Hinführung	– Reflexion der eigenen Handlung und der Arbeit
– gedankliche Vorbereitung: Klärung betr. innerer Aspekte der Arbeit	– intensive Suche nach einer befriedigenden Lösung		
– Offenheit als günstige innere Bedingung	– Reihe von Zerstörungen		– Gefühl der eigenen Produktivität, Erfüllung, Glück
– Ausreichend Zeit	– eine besondere Art der Wahrnehmung herbeiführen		

Teil II / Tabelle 9 – Übersicht der Aussagen zu den fördernden Faktoren des Schaffensprozesses

Fördernde Faktoren auf der situativ-sozialen Ebene

- positive – u. U. frühe – Erfahrungen in der Domäne
- spezifische Förderung von außen
- Herstellen und Wahren eines äußeren Arbeitsrahmens
- Abwechslung
- Anerkennung von außen, positive Rückmeldung
- intensives Zusammensein mit anderen Menschen
- ausreichend Zeit
- Integration von Kunst und Alltagsnotwendigkeiten
- Bewertungsfreie (Schaffens-)Räume

Fördernde Faktoren auf der Persönlichkeits- und Handlungsebene

- Disziplin und Fleiß
- Offenheit und Sensibilität für sich selbst und das eigene Empfinden – Berücksichtigen eigener Bedürfnisse
- Unabhängigkeit vom Urteil anderer Menschen

Fördernde Faktoren auf der emotional-motivationalen Ebene

- Bereitschaft und Lust
- Positive Gefühle: Spaß
- Starke Gefühle: Wut

Fördernde Faktoren auf der kognitiven Ebene

- Unabhängigkeit von Außenbewertung: Autonomie
- Selbstbestimmung und Leichtigkeit
- Gelingen der Arbeit und damit verbundenes Gefühl der Erfüllung
- Begrenzung eigener Ansprüche und Selbstkritik
- Risikobereitschaft zu einer eventuell misslungenen Arbeit: Scheitern wagen, dadurch Freiräume schaffen
- Suche als treibende Kraft
- das Spielerische, die Leichtigkeit
- Interesse und Spaß
- Ruhe, Gelassenheit, Stille
- Vereinfachung: z. B. durch Reduktion
- Bewusstheit und Geistesgegenwart
- das Gefühl der eigenen Produktivität
- Flexibilität und Offenheit bezüglich des Ergebnisses der Arbeit
- das richtige für einen selbst tun
- Konzentration

Fördernde Faktoren auf der physischen Ebene
– motorische Unruhe an Händen und Fingern – körperliche Bewegung

Teil II / Tabelle 10 – Übersicht der Aussagen zu den hemmenden Faktoren des Schaffensprozesses

Hemmende Faktoren auf der sozialen Ebene
– sozialer Druck durch die Anwesenheit Dritter während der Arbeit – Bewertung von außen und das Gefühl beobachtet zu sein – Anpassungsdruck – Vergleich, Bewertung und Normierungstendenzen innerhalb der Künstlerdomäne – Fremdbestimmung, Mangel an künstlerischer Freiheit – negative Bewertung von außen – mangelnde Achtung und Würdigung der künstlerischen Leistung – Zwänge, Erwartungen, Sorgen
Hemmende Faktoren auf der kognitiven Ebene – negative Kognitionen in Bezug auf die Arbeit
– Monotonie, Wiederholung, Mangel an Abwechslung – Misslingen der Arbeit bzw. negative Selbstbewertung der Arbeit – wenig oder ausbleibende Befriedigung durch die Arbeit – Streß und Überlastung
Hemmende Faktoren auf der emotional-motivationalen Ebene
– Lustlosigkeit – Ängste – wie z. B. Versagensängste, Angst vor Entwertung
Hemmende Faktoren auf der physischen Ebene
– Erschöpfungszustände

Teil II / Tabelle 11 – Übersicht der Aussagen zur Rolle der eigenen Befindlichkeit für den Schaffensprozess

- Bestehen einer Wechselwirkung zwischen Ergebnis der Arbeit und der eigenen Stimmung
- Unvermeidbarkeit des Fließens des eigenen Wesens in die Arbeit
- Bestreben nach stimmungsunabhängigen Arbeiten
- veränderte bzw. meditative Bewusstseinszustände stellen sich durch die kreative Arbeit ein
- stark negative Gefühle führen weg von der Staffelei
- stark negative Gefühle rufen Bewegungsdrang hervor
- bei schlechter Verfassung wird die Arbeitsqualität vermindert bzw. als vermindert angesehen
- es findet stets eine innere Auseinandersetzung mit der Arbeit statt
- Malerei wird als Quelle positiver Gefühle erlebt, ist an positive Gefühle gekoppelt
- länger andauernde Malpausen rufen negative Gefühle bzw. Spannung hervor
- Ausdruck des eigenen Befindens ist abhängig von der sozio-kulturellen Situation

Teil II / Tabelle 12 – Übersicht der Aussagen zu den persönlichen Zielen künstlerischen Schaffens

- *Klärung* einer bestimmten Fragestellung
- hohe *künstlerische Qualität* erreichen
- *Kommunikation* auf interpersoneller und kultureller Ebene; Möglichkeit *Verbindung* zu Menschen herzustellen und zur *Annäherung*
- *Bewusstheit* erreichen; Verbindung zum eigenen Inneren herstellen und stärken
- *Positives* in die Welt *geben*
- das Erreichen einer *bestimmten Form der Darstellung*
- *Ästhetik*
- aus Altem etwas *Neues schaffen*